生态旅游发展工作手册

Eco-tourism Development Manual

本书编委会 编著

中国建筑工业出版社

前言

自1990年代初，生态旅游这个词汇引入中国以来发展迅速，成果丰硕。随着研究实践的深入，人们越来越认识到生态旅游既是一种实实在在的旅游形式，也是保障旅游业可持续发展的一种指导理念，生态旅游的呼声越来越高。2008年"建设生态文明、落实科学发展观"在党的报告中被明确提出，并在全国积极推进；2009年国家旅游局将全国旅游主题定为"生态旅游年"；2011年出台的《国民经济和社会发展第十二个五年规划纲要》里提出要全面推动生态旅游。

但是我们也清楚地看到：由于产生发展背景的不同、各地的差异以及旅游工作者水平的不一，我国在开展生态旅游的实际工作中仍然存在着诸多的问题。要及时修正已出现的问题，就必须提高生态旅游工作者的管理工作水平。

本书作为一本工作手册，系统扼要地介绍了生态旅游的概念、发展历程，生态旅游的规划与管理，生态设计以及国内外生态旅游的发展经验，同时佐以实例分析。以期通过手册为广大生态旅游工作者解决在实际工作中遇到的困难。

本书编写参加单位：中国生态学会旅游生态专业委员会
　　　　　　　　　北京时代天元旅游开发有限公司
　　　　　　　　　中国科学院地理科学与资源研究所
　　　　　　　　　华侨大学
主要编写人员：刘韶杰　李文珺　钟林生　李洪波　胡恒学　王南希

目录

1 生态旅游的产生和发展
1.1 生态旅游产生的背景 　　001
1.2 生态旅游的产生 　　002
1.3 对生态旅游的理解 　　004

2 生态旅游业的发展
2.1 欧美地区生态旅游业的发展 　　010
2.2 亚太地区生态旅游业的发展 　　012
2.3 非洲和南极洲生态旅游业的发展 　　013
2.4 我国生态旅游业的发展 　　014

3 生态旅游管理
3.1 生态旅游区管理 　　025
3.2 生态旅游区环境管理 　　026
3.3 生态旅游从业人员的管理 　　030
3.4 生态旅游社区管理 　　031
3.5 新西兰国家公园绿色管理经验 　　032

4 生态旅游规划
4.1 生态旅游规划概述 　　038
4.2 生态旅游规划的程序和内容 　　041

5 生态旅游规划案例
5.1 青海省三江源地区生态旅游发展规划（部分章节） 　　053
5.2 普达措国家公园生态旅游规划 　　064

6 生态设计

6.1 生态设计的概念	078
6.2 生态设计的原理	078
6.3 生态旅游产品的设计	079
6.4 澳大利亚丝橡树山庄生态居所	080

7 国内外生态旅游发展经验

7.1 肯尼亚生态旅游发展经验	081
7.2 奉行《合理旅游指南》的尼泊尔全球考察旅游公司	082
7.3 菲律宾"劳斯莱克林荫漫步"	082
7.4 加拿大班夫国家公园	083
7.5 生态极品旅游胜地——九寨沟	084

附录 《中国生态旅游推进行动计划》

中国生态旅游推进行动计划　　　　　　　　　　086

主要参考文献

1 生态旅游的产生和发展

1.1 生态旅游产生的背景

生态旅游自产生以来,经由大量的实践证明了其对生态、经济和社会效益的多重维护,被广泛认为是实现可持续旅游的最佳形式。生态旅游的产生有着极其深刻的社会、经济和文化背景。它和生态环境的日益恶化、环境保护运动的不断发展、人类环境意识的逐渐觉醒以及传统大众旅游业的生态化有着密不可分的联系。

1.1.1 日益恶化的生态环境

随着人类社会经济的不断发展,人们对生态环境的破坏日益加剧,引起了一系列的问题,使得人们生活的环境质量急剧恶化。如大气污染、缺水(包括资源型缺水和水质型缺水)、水土流失、食品安全问题、垃圾废弃物成灾等等。以食品安全问题为例,主要存在两个方面的问题:一是环境污染,导致食物对污染物的富集。例如2011年日本福岛核电站因地震、海啸引起的核泄漏,使得周边的海产品体内放射性元素严重超标。二是为了增加生物产量或速度,大量使用化肥、农药、激素等化学制品引起的食品污染。例如河南双汇火腿使用的猪肉中被检测出大量瘦肉精,这些都对我们的身体健康造成了很大的威胁。

1.1.2 人类环境保护意识的觉醒和环境保护运动的不断发展

由于人类活动不断破坏着脆弱的生态环境,结果是最终的影响表现在了人类自身的安全、健康、生命和财产等遭受了巨大的损失,以至于危害到了人类的持续生存。于是越来越多的人开始关注环境问题,从而引发了一系列的环境保护运动。1962年美国女海洋生物学家蕾切尔·卡森的《寂静的春天》可以说是人类对生态环境问题开始关注的标志,引发了人们对人与自然关系的重新审定和思考。1972年3月在斯德哥尔摩召开的第一次"人类与环境会议"大大推进了人们对生态环境问题的认识。会议通过了《人类环境宣言》,

要求人们采取措施，使地球不仅适合现在人类生活的需要，还要满足将来子孙后代的生活需求。到 20 世纪六七十年代，保护自然已经发展成为绿色运动，以至于产生了很多的组织和政党，形成了一股统一于生态思想下的绿色思潮。到了现代人们开始崇尚绿色消费，而且仅饮食和穿戴层面上的绿色已经难以满足人们的需求，大家开始追求大自然的清新与宁静，生态旅游的雏形——绿色旅游开始出现。

1.1.3 传统大众旅游的生态化

日益增长的旅游需求、蓬勃的发展生机和巨大的市场开发潜力，使得传统的大众旅游在世界范围内发展十分迅猛，也使旅游开发者获得了非常好的经济效益。但是传统的大众旅游由于沿袭了工业时代的思维和管理方式，不可避免地对自然产生了负面效应。例如给自然资源带来了巨大的压力，对环境造成明显的污染，对旅游目的地的生活方式、传统文化等带来严重冲击，而且无法给旅游目的地的居民带来实质性的利益等等。

随着绿色思潮影响范围的不断扩大，人类的文明已经从工业文明开始朝生态人文主义发展，即生态文明正在形成。传统的大众旅游在这种思潮的冲击下，也慢慢呈现生态化的趋势。无论旅游的管理者、开发者还是旅游者自身都认识到作为旅游对象的大自然应该被珍惜和保护，人们应该在与自然平等相处的过程中获得真正的精神享受，于是生态旅游开始形成。

1.2 生态旅游的产生

1.2.1 生态旅游概念的提出

生态旅游（ecotourism）这一专业名词是在 1983 年由国际自然保护联盟（IUCN）特别顾问、墨西哥专家贝洛斯·拉斯卡瑞首次创造使用的。1987 年他在《生态旅游之未来》一文中指出"生态旅游就是前往相对没有被干扰或污染的自然区域，专门为了学习、研究、欣赏这些地方的景色和野生动植物及存在的文化表现（现在和过去）的旅游"，这标志着生态旅游概念的正式创立。生态旅游概念一经提出，便在全球引起了巨大反响，各国都在自己的开发实践中理解、丰富、发展生态旅游的内涵。

1.2.2 生态旅游的产生模式

从世界各地开展生态旅游的实际情况来看,生态旅游的产生模式主要有两种类型:

一是主动式。这是在一些经济发达国家比较常见的模式,是因市场需求促使生态旅游主动产生。这些国家为了让人们了解自然、欣赏自然并受到环境教育而主动发展起来的,典型代表是美国。从1872年,美国建立世界上第一个国家公园——黄石公园,就开始了以游览国家公园为主题的自然旅游。到20世纪中后期,美国提出了发展生态旅游,同时制定了相应的法规、条例和规范,并注意培育从事生态旅游产品开发和经营的企业。此后,其他欧美国家、日本、澳大利亚等也开展了生态旅游,并取得了较好的效果。

二是被动式。这是在经济欠发达国家中常见的模式,主要是因为经济的压力,在不破坏生态的前提下迫不得已开始发展生态旅游这种经济形式的。这些国家往往拥有丰富而独特的生态旅游资源,非洲的肯尼亚就是其中的典型代表。20世纪初,殖民主义者的大型狩猎活动给肯尼亚的野生动物带来了毁灭性的灾难。1977年,在人们的强烈要求下,肯尼亚政府宣布全面禁猎。1978年,政府宣布野生动物的猎获物和产品交易均属违法,那些因此而失业的人不得不走上发展旅游这条路,生态旅游由此而生。到2010年,肯尼亚入境的生态旅游者达110万人次,旅游收入为8.9亿美元。

哥斯达黎加是拉丁美洲发展生态旅游颇有成效的国家,它开展生态旅游是从保护森林资源的目的出发的。20世纪四五十年代,随着经济和农村发展,哥斯达黎加的毁林现象越来越严重。从1940~1987年,该国的森林覆盖率从75%下降到了21%,按照当时的发展趋势,预计到2000年,全国森林会消失殆尽。为了改变这一情况,1970年哥斯达黎加成立了国家公园局,先后建立了34个国家公园和保护区,开展对森林非破坏性的生态旅游活动,制定了严格的法规,并且成立了专门机构进行监督。1996年,在科科瓦多旅游区首次举办了生态旅游培训班,采用理论与实践相结合的方式,介绍发展生态旅游的政策和有关知识,交流经验,研究如何提高对国内外游客的服务质量。哥斯达黎加旅游部2007年发布的信息显示,每年有160万外国游客到哥斯达黎加旅游,直接创造了11万个工作岗位,带来16.5亿美元的旅游收入,占国民生产总值的8%。

1.3 对生态旅游的理解

1.3.1 生态旅游的基本理念

经过近30年的发展,生态旅游理论研究已经形成了一些基本框架和方法,但是还无法形成一门成熟的学科。由于不同经济、文化、政治、技术环境、资源条件等背景的影响,人们赋予生态旅游的含义就不尽相同,所以目前生态旅游的定义仍是众说纷纭,无法统一,初步统计约有100多种,如1993年国际生态旅游协会对其的定义为:具有保护自然环境和维护当地人民生活双重责任的旅游活动。生态旅游的内涵更强调的是对自然景观的保护,是可持续发展的旅游。总的来说生态旅游的内在核心是趋同的,也就是旅游必须与环境相协调。随着研究的深入,人们在越来越多的方面达成共识,形成了一些基本的理念。一是保护性,即强调对旅游对象的保护,这是与传统大众旅游的最大区别。二是自然性,即生态旅游开展的区域是自然区域,生态旅游的对象是自然景观。这里需要强调的一点是在中国,许多自然景观被赋予了浓厚的文化韵味,自然与人文难以割裂,因此那些与自然和谐共生的人文景观也应在生态旅游对象之列。三是社区参与,这是被实践证明了的一个理念,它调动了社区全体成员的积极性,使旅游目的地的经济发展、环境维护以及文化保护等方面都实现了效益的最大化,同时还能为旅游者提供真实的体验,达到多赢的效果。四是环境教育,也就是说通过生态旅游,让旅游者在走向自然后,通过学习自然,认识自然,达到自觉保护自然的目的。这种作用是别的活动所无法替代的。

对生态旅游的认识可以从三个方面去把握:首先是生态旅游活动的性质。生态旅游与传统大众旅游的最大差异体现在新观点、高层次和专项性这样三个层面上。其次是生态旅游的对象,应该包括自然景观和那些具有生态美的、人与自然和谐共生的人文景观。再其次是生态旅游者的范畴,它应该即指那些高素质、高消费的群体,也应该包括越来越多认同并实践生态旅游理念的大众旅游者。只有这样,生态旅游才能取代传统的旅游模式,被普遍推广和广泛接受。基于此生态旅游的五大特点就容易被理解,即普及性、保护性、多样性、专业性和精品性。

1.3.2 生态旅游的原则

虽然目前对生态旅游的解释有多种多样,但是其原则还是基本一致的。如 1991 年以来,国际生态旅游协会通过对生态旅游的结果进行追踪考察,逐步发展起来的一套原则:

- 把对旅游目的地的自然和文化的消极影响降到最低;
- 对旅游者进行环境教育;
- 强调旅游企业责任的重要性,旅游企业应与当地的政府部门和居民合作以符合当地居民的需求,并分享开发带来的效益;
- 把部分旅游收益用于自然环境的保护和管理;
- 需综合考虑整个地区的旅游需求,以便于整个地区的游客管理计划的设计,并使此地区成为生态目的地;注重对环境和社会基础资料的研究利用,以便于进行环境评估,同时应具备对环境进行长期监测的计划,从而把对环境的消极影响降到最低;
- 力争使该乡村、当地企业和社会的利益最大化,特别是居住在该区域及其邻近地区的居民;
- 力求保证旅游的发展不超过环境和社会可接受的限度,并在研究者与当地居民的合作中予以决定;
- 充分利用已经存在的与环境相协调的基础设施,尽量减少石化燃料的使用,保护当地植物和野生动物,使基础设施与当地自然和文化环境相协调。

1.3.3 生态旅游的功能

根据生态旅游的内涵,其具有以下四个方面的功能:一是旅游功能。生态旅游作为一种旅游活动,这是其基本功能,只不过与传统大众旅游不同的是生态旅游要求不应该影响甚至破坏自然。二是保育功能。这是生态旅游的基本理念和首要特点。这一功能不仅要体现在开发和利用过程中,还要体现在人们的意识和行为上。保育旅游资源的健康与完整是生态旅游可持续发展的前提与条件。三是经济功能。旅游作为一种产业,经济功能是不可缺的。与传统大众旅游相比,生态旅游的经济功能不仅要使旅游开发者受益,还要使旅游目的地民众受益，也就是要为社区参与提供有效的途径和机会，实现收益分配的公平化和合理化。唯有如此，才能增加当地的就业机会，从而增加当地的经济收入，促进社会进步和稳定，才能实现可持续发展。四是环境教育功能。具体体现在：教育对象的扩大，生态旅游的教育对象不仅包括旅游者，还包括旅游的开发者、决策者、管理者等；教育手段的提高，从单纯的旅游者用心去感应自然的教育方式，发展为充分利用现代科学、技术、艺术等知识展示自然，使人能够更直观形象地接受教育，大大提高了教育效果；教育意义的延伸，通过教育提高个人环境素养，进而促进全民环境素养的提高，最终为解决人类生存环境危机奠定基础。

1.3.4 生态旅游的类型

在对生态旅游类型进行划分时，划分的依据不同，形成的分类系统就不同。下面列举一些有代表性的分类系统。

环境影响程度分类系统

分类依据	分类结果		划分者
资源开发强度和可能造成的环境影响程度	0级生态旅游	初级阶段，要求旅游者意识到旅游地生态系统的脆弱性	澳大利亚国家公园管理局
	1级生态旅游	要求生态旅游者与其游览地的生态系统之间存在货币流动，如机场建设费等资金	
	2级生态旅游	要求生态旅游者从自身实际出发，从事一些环境保护的工作，如种植树木、清理垃圾	
	3级生态旅游	要保证具体的旅游系统对环境是有益的，该系统应包括国际航空旅行与当地交通和住宿设施，该层次要求旅游者对环境的影响是中性或者积极的	
	4级生态旅游	要求旅游者对环境的影响是积极的，当地应该努力采用合适的技术，如低能耗、循环利用、生态农业等，对生态系统恢复作出贡献	
	5级生态旅游	要求包括旅游广告、交通运输、住宿接待设施及废弃物处理等方面在内的整个生态旅游系统都在遵循环境保护原则的前提下运行，这是旅游经营者、公众与资源管理机构等生态旅游倡导者追求的最终目标	

旅游者属性分类系统

分类依据		分类结果	划分者
旅游者数量及消费档次	严格的生态旅游	环境主义者们的特别旅行,他们组团人数较少,长时间沉浸在相对原始的自然环境中,对服务要求较低	Laura Lawton 和 David Weaver
	一般的生态旅游	普通旅游者的旅行,他们组团人数较多,旅游兴趣不断转换,生态旅游只是他们旅游活动中的一个项目而已,旅游者在规定的区域内活动,需要较高水平的服务	

资源属性分类系统

分类依据		分类结果	划分者
资源类型	山地型	以山地环境为主,适于开展科考、登山、探险、攀岩、观光、漂流、滑雪等活动	中国国家旅游局
	森林型	以森林植被及其生境为主,也包括大面积竹林(竹海)等区域。这类区域适于开展科考、野营、度假、温泉、疗养、科普、徒步等活动	
	草原型	以草原植被及其生境为主,也包括草甸类型。这类区域适于开展体育娱乐、民族风情活动等	
	湿地型	指以水生和陆栖生物及其生境共同形成的湿地为主,主要指内陆湿地和水域生态系统,也包括江河出海口。这类区域适于开展科考、观鸟、垂钓、水面活动等	
	海洋型	以海洋、海岸生物及其生境为主,包括海滨、海岛。这类区域适于开展海洋度假、海上运动、潜水观光活动等	
	沙漠戈壁型	以沙漠或戈壁生物及其生境为主,这类区域适于开展观光、探险和科考等活动	
	人文生态型	以突出的历史文化等特色形成的人文生态及其生境为主。这类区域主要适于历史、文化、社会学、人类学等学科的综合研究,以及适当的特种旅游项目及活动	

活动属性分类系统

分类依据	分类结果	划分者
生态旅游活动的具体形式	观鸟	中国国家旅游局
	野生动物旅游	
	自行车旅游	
	漂流旅游	

续表

分类依据	分类结果	划分者
生态旅游活动的具体形式	沙漠探险	中国国家旅游局
	保护环境、自然生态考察	
	滑雪旅游	
	登山探险	
	香格里拉探秘游	
	海洋之旅	

2 生态旅游业的发展

从生态旅游的产生到现在,生态旅游在大致经历了起步萌芽、初步发展、迅速发展三个阶段之后,已经进入全面发展的阶段。在国际市场上,生态旅游以每年10%~12%的速度增长,已成为21世纪旅游业的重要方向,在整个旅游产业中扮演着可持续发展思想引领者的角色。由于自然、社会、经济、政治及资源条件的不同,世界各国、各地区生态旅游业的发展呈现出不同的态势。从世界生态旅游业的客流布局来看,欧洲、北美地区既是生态旅游目的地,又是主要客源地,而其他地区除少数较发达国家外,主要是生态旅游目的地。

国外开设生态旅游课程的大学

国家	大学	学科/学位名称
加拿大	Camosun College	生态—探险旅游证书
	Canadian Tourism College	探险旅游项目
	Fleming College, Haliburton campus	生态旅游管理研究生
美国	Clemson University	自然资源娱乐与旅游
	Cornell University	饭店管理学校内设生态旅游课程
	Difiance College	科学与数学系内设生态旅游课程
	Florida International University	饭店管理学校内设生态旅游课程
	George Washington University、Hocking College	生态旅游与探险旅游项目
	Humboldt State University	生态旅游规划和管理项目
	Michigan State University	公园、娱乐与旅游资源
	Penn State University	地理系
	University of Florida	林业资源和保护
	Virginia Polytechnical University	森林和野生资源学院
英国	University of Plymouth	生态旅游学士
	University of Portsmouth	生态旅游硕士
	University of Greenwich	科学硕士保护和可持续发展博士和研究生证书

续表

国家	大学	学科／学位名称
英国	Robert Gordon University	生态设计
	Roehampton Institute London	社会和生命科学
	Middlesex University	生态与科学学院生态影响评价硕士
	Napier University Scotland	生态旅游博士、硕士、学士
澳大利亚	University of Newcastle	环境学生态旅游方向
	The University of Notre Dame Australia	生态旅游专业
	University of Western Sydney	环境管理专业
	University of Canberra	环境教育专业
	Queensland University of Technology	环境教育专业
	Monash University	环境教育与旅游专业
	James Cook University of North Queensland	生态旅游硕士
	Griffith University（Gold Coast）	生态旅游课程
	Flinders University	技术学士（生态旅游）
	Charles Sturt University	应用科学（生态旅游）学士及研究生
	Deakin University	生态旅游课程

2.1 欧美地区生态旅游业的发展

欧洲和美洲地区是世界旅游的发源地和发达地，生态旅游作为一种完备的旅游产品，最早出现在该区域。

2.1.1 欧洲地区

欧洲位于东半球的西北部，大多数国家是经济发达国家，是世界旅游业最发达的地区。欧洲有着优越的自然环境，欧洲人崇尚大自然，有回归自然的传统风尚，这些都为生态旅游的发展奠定了良好的基础。欧盟环境委员会还规定各国在发展旅游的同时，必须严格保护环境和生态平衡，生态旅游在此得到蓬勃发展。

（1）东欧国家。东欧的波兰农业发展基金会在农村大力宣传生态旅游，

努力扶植旅游专业户，为他们提供优惠贷款，组织人员培训，制定统一服务标准，检查和提高服务质量，扩大服务范围。目前在波兰农村已初步形成了从组织宣传到提供服务的"一条龙"生态服务系统，2009年波兰生态旅游业收入超过100亿美元。

(2) 南欧国家。南欧的西班牙，近年来兴起了以山村绿野为主题的生态旅游，提出了"不仅仅是沙滩和阳光"的宣传促销口号，乡村生态旅游逐渐成为该国旅游业新的经济增长点。2000年西班牙有50%的人从海滩旅游转向生态旅游。

(3) 西欧国家。1993年法国参加生态旅游的人次占旅游者总数的46.6%，到2007年法国共建成了44个地区级自然公园和7个国家公园，占地736万hm^2，约占全国国土面积的13.7%。英国在20世纪90年代初就不失时机地发起了"绿色旅游业"运动，其主旨在于开放、开发国家公园以满足旅游和保护双重需要，两者冲突时以保护优先；通过广泛的宣传来培育市场并加深人们对国家公园和自然保护区事业的认识、理解和支持。1993年，英国议会通过新的《国家公园保护法》，加强对自然胜景、生态环境、土地林木及野生动植物的保护，决定每年增加800万～1000万英镑的森林公园建设费用于发展生态旅游业。

(4) 北欧国家。北欧的瑞典，是森林拥有量比较高的国家，人均林地约3hm^2，人均每年到森林中游憩的次数，1963年为18次，1976年为28次，现在更是有增无减。

(5) 中欧国家。中欧的德国自制订第一个自然公园计划至今已有50多年的历史。到2006年德国设有95个自然公园,包括国立公园等大型自然保护区，这些地区为德国提供了充满魅力的观光场所。据2005年德国联邦环境部公布的调查显示，自然公园的存在对当地的经济发展起到了很大作用。以米里茨国立公园、阿尔特米尔塔鲁自然公园、波希弗雷明克自然公园为调查对象，这些地区2004年总收入为4000万欧元。另外，这些地区还因自然观光旅游产生了巨大的经济成效，提供了1300个以上的就业岗位。

2.1.2 美洲地区

美洲，位于西半球，分为北美洲、中美洲和南美洲，通常人们将其分为北美地区和拉丁美洲，该地区地形明显地分为西部高山区、中部平原区和东部低山高原区，自然景观复杂多样。

（1）北美地区。北美经济发达，生态旅游资源丰富，既是生态旅游的目的地，又是生态旅游的客源国。美国是世界上国家公园的创始者，也是世界生态旅游最发达的国家，并早在1994年就制定了生态旅游发展规划。其国家公园体系包括国家公园、国家保护区、国家历史公园等20种类型，到2008年年底共有391个组成单位，面积达34万 km^2，其中国家公园58处，当年访问各类国家公园的旅游者就达2.75亿人次。另据加拿大旅游委员会报告，在加拿大有669家探险和生态旅游公司。

（2）拉丁美洲。拉丁美洲一些经济欠发达的国家依靠其丰富的生态旅游资源，建成不少在国际上有很强竞争力的生态旅游目的地。到拉美地区参加生态旅游的活动人数与日俱增。中美洲的哥斯达黎加共和国境内的国家公园、野生动物保护区、自然保护区每年吸引着无数的国际游客，已成为全球生态旅游的热点目的地。2007年其旅游收入19亿美元，游客人数192.6万人。智利是南美洲重要的生态旅游据点，当地已经发展出组织良好、规范严谨的生态旅游团队，智利作为南半球雨林的故乡，拥有约6万 km^2 的温带雨林，这些雨林曾遭受伐木的威胁，但生态旅游的发展及其他非破坏性的利用方式，使之免遭厄运。巴西被称为"世界上最佳的生态旅游地"，其主要生态旅游区有：亚马逊热带雨林区，中部潘塔努区和500英里长的大西洋海岸，还有世界上面积最大的湿地——潘塔纳尔沼泽地。

2.2 亚太地区生态旅游业的发展

亚太地区的生态旅游业发展势头居世界之冠，许多国家都在大力开发生态旅游。

2.2.1 亚洲地区

亚洲位于东半球东北部，是世界上最大的洲，也是人口最多的洲，不仅拥有优美的自然资源，还有悠久的历史和灿烂的文化。

（1）日本是亚洲经济发达的国家，日本对生态环境的保护和生态旅游的

发展都十分重视,其森林公园面积占国土面积的15%,每年有上亿人次去森林公园内进行"森林浴"。1998年日本成立了生态旅游协会,通过召开会议、训练人才促进了日本生态旅游业的发展。颁布《生态旅游指导方针》,组织了观鸟旅行、热带雨林旅行、举家徒步等一系列的生态旅游活动。

(2)马来西亚是东南亚第一个制定国家生态旅游规划的国家,是在1995年完成的。该规划列举了42处现在的和有潜力的生态旅游区,突出了10个地区,包括一些沿海、沿岸地区。马来西亚的生态旅游产品多种多样,如Taman Negara、基纳巴卢山、沙巴州的山洞和潜水等。

(3)泰国由于其丰富的文化和自然生态旅游资源,生态旅游发展迅速,已经成为泰国外汇收入的主要来源,2010年接待了约1500万人次的海外游客,产生了约190亿美元的外汇收入。该国1998年制定了全国生态旅游政策和指导方针。

2.2.2 大洋洲

大洋洲位于太平洋西南部和南部,该地区是目前世界上生态环境较好的一个洲,以海洋生态旅游资源为代表的自然景观非常优美。

(1)澳大利亚是目前世界上公认开展生态旅游较为成功的国家,是国际生态旅游组织重点推荐的7个生态旅游目的地之一。目前全国共有各类国家公园、森林公园和自然保护区近7000处,陆地总面积超过7700万hm^2,海域面积6500万hm^2。2008年国际生态旅游者人数约为340万人次,其中65%的生态旅游者的目的地为澳大利亚,同时,澳大利亚的国内生态旅游者人数达到1294万,生态旅游总收入为322亿美元。

(2)新西兰拥有得天独厚的自然地形和原始神秘的自然景观,号称世界第一的大自然公园,尤其是在电影《魔戒》热映之后,片中如世外桃源般的"中土世界"使其拍摄地新西兰为世人所认识和向往。14个国家公园很好地保存了新西兰原始、丰富的自然遗产。2010年新西兰国际旅游收入达到44.6亿美元。

2.3 非洲和南极洲生态旅游业的发展

2.3.1 非洲

非洲位于东半球的西南方,是世界生态旅游的重要发源地之一。该地区丰富的自然生态资源和古老发达的文化生态旅游资源吸引着世界各地的生态旅游者，成为当今国际生态旅游重点地区。目前许多非洲国家的外汇收入主要依靠生态旅游业，典型的如津巴布韦、肯尼亚、加纳和博茨瓦纳等。

(1) 津巴布韦的万基国家公园有107种野生兽类和400多种珍禽在草原和森林中栖身；占地约4800hm^2的伊迈雷野生动物园，游客可在敞篷汽车里边游览，边喂食大象、斑马和羚羊等动物。

(2) 肯尼亚建有天然野生动物园、野生动物保护区和自然保护区，共占肯尼亚陆地面积的12%。目前，生态旅游业已经成为肯尼亚国民经济主要创汇行业。其旅游收入为10亿美元，直接和间接在旅游部门就业的人数超过200万人，占肯尼亚总人口的5%以上。据分析，一头大象每年可挣14375美元，它一生可挣90万美元。

(3) 博茨瓦纳是非洲主要旅游国之一。生态旅游资源丰富，是非洲野生动物种类和数量较多的国家。该国政府已把全国38%的国土划为野生动物保护区，设立了3个国家公园，5个野生动物保护区。

2.3.2 南极洲

南极洲位于地球最南端，土地几乎都在南极圈内，其资源特色表现为八奇：1月不夜天、每年300天八级以上大风日、浮冰多、可爱的企鹅、巨大的海燕、鲸鱼、石头上的植物、无菌的世界。由于交通阻隔、气候特殊以及科学技术条件限制，到了1956年首批以旅游为目的的游客来到南极，这里的旅游业才开始。目前已经有美国、俄罗斯、日本、英国、智利等十几个国家在这里设立了游客接待站，设有专门为游客服务的班机和客轮，去南极旅游的人数正在以每年5%～10%的速度上升，特别是2007～2008"国际极地年"活动的开展，旅游者达到4.6万人次。据国际南极旅游业者行业协会统计，人类去过南极的总人数累计约34万人次，其中科学考察人员约16万人次，南极旅游约18万人次。

2.4 我国生态旅游业的发展

我国的生态旅游实践已有20多年，主要是依托于森林公园、自然保护区、

风景名胜区、水利风景区、地质公园、湿地公园等发展起来的。1982年,我国第一个国家森林公园——张家界国家森林公园建立,将旅游开发与生态环境保护有机地结合起来。虽然此时开发的森林旅游并不是严格意义上的生态旅游,但是为生态旅游的发展提供了良好的基础。

1995年在云南西双版纳召开了全国首届生态旅游发展研讨会,会上发表了《发展我国生态旅游的倡议》,标志着我国对生态旅游的关注和生态旅游研究的起点,对我国的生态旅游发展起到了极大的推动作用。从1995年到20世纪末,我国的生态旅游研究可以说是处在概念界定和争论阶段,不同的学者、实践者从不同的专业背景和区域特点等对生态旅游的定义、功能、目标、原则、特征等作了不同的理解和阐述。1999年国家旅游局的"生态环境旅游年"主题活动和"昆明世博园"都大幅度地推动我国的生态旅游实践。自此我国的生态旅游开始蓬勃发展。21世纪初期,四川省推出了九寨沟、黄龙等景点;湖南张家界国家森林公园举办国际森林保护节,推出武陵源等生态旅游区。在2001年对全国100个省级以上自然保护区的调查结果显示,已有82个保护区正式开展旅游。四川省2010年实现生态旅游直接收入210.5亿元,接待游客13974.2万人次,带动社会收入947.0亿元。

随着实践的不断深入,生态旅游的许多问题也暴露出来,进而开始转入发展的反思阶段。针对生态旅游的开发热,以2002年联合国"国际生态旅游年"为契机,在《魁北克生态旅游宣言》各项建议的指导下,国内开始对生态旅游的发展进行重新审视和反思,2010年环境保护部和国家旅游局联合开展了全国生态旅游发展现状调查,希望能够促进我国生态旅游的健康发展。

2.4.1 我国生态旅游区建设及其生态旅游业开展情况

生态旅游区是生态旅游资源的载体,是发展生态旅游业的物质基础。我国开展生态旅游的场所主要有:

(1) 自然保护区,是指对有代表性的自然生态系统、珍稀濒危野生生物物种的天然集中分布区、有特殊意义的自然遗迹等保护对象所在的陆地、陆地水体或者海域,依法划出一定面积予以特殊保护和管理的区域。自然保护区的首要任务是保护,在保护的前提下,适当开展生态旅游,有利于促进保护区的建设和管理。我国的自然保护区涵盖了各种类型的生态系统、自然遗迹和珍稀濒危物种,是人们认识自然、了解历史、增长知识的天然大课堂,具有极高的生态旅游吸引力。从1956年开始建立第一批自然保护区以来,到2009年年底,我国已建成各级各类自然保护区2541个,总面积达148万km^2。到2010年年底,建立国家级自然保护区335处,被正式批准加入世界生物圈保护区网络的有28处,还有36处湿地类型的自然保护区被列入《国际重要湿地名录》。旅游创收已成为某些自然保护区的主要经济来源,如四川省2010年全省自然保护区的生态旅游直接总收入为21.1亿元。

(2) 风景名胜区指具有观赏、文化和科学价值的山河、湖海、地貌、森林、动植物、化石、特殊地质、天文气象等自然景物和文物古迹、革命纪念地、历史遗址、园林、建筑、工程设施等人文景物和它们所处环境以及风土人情等风景名胜资源集中、自然环境优美、具有一定规模和游览条件,经县级以上人民政府审定命名、划定范围,供人游览、观赏、休息和进行科学文化活动的地域。自1982年颁布实施了《风景名胜区管理暂行条例》,2006年颁布施行了《风景名胜区条例》,我国风景名胜区管理已走上规范化的发展道路,中国特色的风景名胜区管理体系已经形成。至2009年年底全国国家级风景名胜区已达208处,其中22处被列入联合国教科文组织《世界遗产名录》,省级风景名胜区达698处。风景名胜区事业的发展,保护了一大批珍贵的风景名胜资源,风景名胜区在保护生物多样性、维持生态平衡等方面也发挥了重要的作用,成为生态文明建设的重要载体。另外,风景名胜区通过资源的合理开发利用,发展旅游业及相关服务业,增加就业岗位,促进了当地经济文化的快速发展。

(3) 水利风景区,是指以水域(水体)或水利工程为依托,具有一定规模和质量的风景资源与环境条件,可以开展观光、娱乐、休闲、度假或科学、文化、教育活动的区域。水利风景区在维护工程安全、涵养水源、保护生态、改善人居环境、拉动区域经济发展诸方面都有着极其重要的功能作用。为科学合理地开发、利用水利风景资源,规范水利风景区建设与管理,加强水资源和生态环境的保护,1997年,水利部发出了《关于加强水利旅游工作的通知》,全国水利系统按照通知要求,开展了水利风景资源普查、水利旅游管理等工作。同年,水利部还印发了《水利旅游区管理办法(试行)》明确了水利旅游资源开发利用原则以及国家级(省级)水利旅游风景区的申请及审批

程序。2000年8月,水利部印发了《关于开展国家级水利旅游区申报工作的通知》,启动了国家级水利旅游区的申报及审定工作。随着传统水利向现代水利理念的转变以及新时期水利工作的需要,2001年7月,水利部水利风景区评审委员会成立,正式开展国家级水利风景区的审定命名工作。截至2010年底,水利部共批准设立了10批423个国家水利风景区和千余家省级水利风景区,这些风景区为城乡居民休闲娱乐、观光度假和科普教育提供了较为理想的场所,成为宣传水利建设成就,扩大水利事业影响,树立行业形象的重要窗口。近年来,水利部陆续出台了《水利风景区管理办法》、《水利风景区评价标准》、《水利风景区发展纲要》、《水利旅游项目管理办法》、《水利旅游项目综合影响评价标准》、《水利风景区规划编制导则》等一系列规章和标准,建立了完善的管理制度体系。2009年10月,水利部成立了水利部水利风景区建设与管理领导小组,办公室设在水利部综合事业局,进一步加强了对此项工作的领导。据不完全统计,目前约有1/4国家水利风景区单位年收入在1000万元以上,近1/2国家水利风景区单位年收入在500万~1000万元之间。

(4) 地质公园是以具有特殊的科学意义,稀有的自然属性,优雅的美学观赏价值,具有一定规模和分布范围的地质遗址景观为主体;融合自然景观与人文景观并具有生态、历史和文化价值;以地质遗迹保护,支持当地经济、文化和环境的可持续发展为宗旨;为人们提供具有较高科学品位的观光游览、度假休息、保健疗养、科学教育、文化娱乐的场所。同时也是地质遗迹景观和生态环境的重点保护区,地质科学研究与普及的基地。截至2010年底,我国分5批建立了183个国家地质公园,其中世界地质公园数量为24处,是世界地质公园数量最多、增长最快的国家。地质公园的建设,使我国珍贵的地质遗迹得到了有效的保护,促进了地学研究和科学知识的普及,带动了当地经济社会的进一步发展。

(5) 森林公园是以良好的森林景观和生态环境为主体,融合自然景观与人文景观,利用森林的多种功能,以开展森林旅游为宗旨,为人们提供具有一定规模的游览、度假、休憩、保健疗养、科学教育、文化娱乐的场所。森林生态系统是地球上最大的陆地生态系统,其环境优美,生物资源丰富,景观多样,是开展生态旅游的最佳场所之一。我国自1982年成立第一个森林公园以来，至2009年底，全国共建立森林公园2458处，总经营面积1652.5万 hm^2。其中，国家级森林公园730处，国家级森林旅游区1处，经营面积1151.93万 hm^2；省级森林公园1073处，面积402.08万 hm^2。8个省的森林公园总数超100处。根据对1899处森林公园（其中国家级森林公园719处，国家级森林旅游区1处）的统计，2009年共接待游客3.32亿人次（其中海外游客912万人次），旅游收入226.14亿元，分别比2008年度增长21.5%和20.8%。126处森林公园游客人数超50万人次（其中国家级森林公园98处），46处超100万人次（其中国家级39处）。204处森林公园旅游收入超1000万元（其中国家级森林公园167处），其中58处超5000万元（其中国家级53处），34处超亿元（均为国家级）。森林公园建设在有效保护森林风景资源、促进国家生态保护和建设的同时，有力地推动了我国生态旅游业的发展。

（6）湿地公园是指以保护湿地生态系统、合理利用湿地资源为目的，可供开展湿地保护、恢复、宣传、教育、科研、监测、生态旅游等活动的特定区域。国家湿地公园由国家林业局组织实施建立，在完成试点建设并经该局组织验收合格后，授予国家湿地公园称号。湿地公园是国家湿地保护体系的重要组成部分，与湿地自然保护区、保护小区、湿地野生动植物保护栖息地以及湿地多用途管理区等共同构成了湿地保护管理体系。城市湿地公园，是指利用纳入城市绿地系统规划的适宜作为公园的天然湿地类型，通过合理的保护利用，形成集保护、科普、休闲等功能于一体的公园。国家城市湿地公园由住房和城乡建设部批准设立。截至2010年底全国共有145处国家湿地公园试点，41处国家城市湿地公园。

（7）矿山公园，是矿山地质环境治理恢复后，国家鼓励开发的以展示矿产地质遗迹和矿业生产过程中探、采、选、冶、加工等活动的遗迹、遗址和史迹等矿业遗迹景观为主体，体现矿业发展历史内涵，具备研究价值和教育功能，可供人们游览观赏、科学考察的特定空间地域。矿山公园设置国家级矿山公园和省级矿山公园，其中国家矿山公园由国土资源部审定并公布。包括取得国家矿山公园建设资格的单位和正式授予国家矿山公园称号的公园在内，至2010年年底全国共有61处国家矿山公园。

（8）文化生态保护区，是指以保护非物质文化遗产为核心，对历史文化积淀丰厚、存续状态良好，具有重要价值和鲜明特色的文化形态进行整体性

保护,并经文化部批准设立的特定区域。国家级文化生态保护区是根据《国家"十一五"时期文化发展规划纲要·民族文化保护》中提出的"确定10个国家级民族民间文化生态保护区"这一目标而建设,由于目前仍处试验性阶段,因此各保护区暂定为"文化生态保护实验区",待日后条件成熟时正式命名为"文化生态保护区"。至2010年底全国共有11个国家级文化生态保护区。

(9) 民族生态旅游区,我国拥有56个民族,大杂居小聚居的格局下,许多地方形成了特有少数民族聚居区,在聚居区内有自己独特奇异的风俗习惯,是理想地了解民族社会文化的人文生态旅游区。在全国发展旅游业的政策导向下,许多少数民族聚居区开发为民族生态旅游接待区,如以展示傣族居住特点为主的云南西双版纳竹楼,展示民族节日喜庆的蒙古族"那达慕"大会每年都吸引大量的旅游者前往。又如云南丽江古城具有浓郁的民族特色,是国家历史文化名城,旅游者数量逐年增长,1985年海外游客仅为435人,到2009年丽江年接待海内外游客758.14万人次,其中海外游客52.59万人次,总收入88.66亿元人民币,外汇收入17084.13万美元。

(10) 宗教生态旅游区,宗教及其场所在长期发展过程中积淀的历史文化内涵和在保护方面所具有的特殊作用,在生态旅游资源中独具魅力。我国是一个多宗教的国家,道教产生于1800多年前,佛教传入我国约有2000年,还有伊斯兰教等。国务院公布的第三批重点文物保护单位中,各种宗教名胜古迹就有57处,占总数的47.9%;全国各省、直辖市、自治区与宗教有关的名胜古迹共有3000多处。宗教文化生态旅游成了生态旅游的重要组成部分,如我国四大佛教名山之一的五台山仅2009年"十一"黄金周就接待海内外游客36.37万人次,旅游收入1.8亿元。

2.4.2 生态旅游产学研的发展

生态旅游产业体系的健全、教育事业的普及和科学研究的进步反映了生态旅游业发展的质量和水平,是生态旅游业持续发展的保证。

(1) 生态旅游业体系

围绕生态旅游产品的开发与管理,在传统大众旅游产业体系的基础上,生态旅游业体系开始逐步建立。以森林(生态)旅游为例,为切实加强森林公园和森林旅游的行业管理，原林业部于1992年成立森林公园管理处，全国有25个省、直辖市、自治区林业厅（局）在国有林场处（局、站）设立森林公园管理办公室，依照《森林公园管理办法》负责本地森林公园行业管理。1994年经国家旅游局批准，原林业部成立了森林国际旅行社，北京、福建、陕西、大连等15个省、直辖市和计划单列市还先后成立了森林旅游公司或森林旅行社，开发森林（生态）旅游资源和开展森林旅游活动，这标志着与国家旅游局相配合的森林（生态）旅游在管理和开发方面形成了完整的体系。代表我国旅游行业最高管理机构的国家旅游局，顺应国际发展的潮流，借助传统旅游业完善的产业体系，转变经营理念，全行业推行旅游与保护和谐统一的管理理念，开发生态旅游产品，满足人们日益高涨的回归自然、保护环境的愿望。1998年提出建设六个高水平、高起点的重点生态旅游开发区：九寨沟、迪庆、神农架、丝绸之路、长江三峡、呼伦贝尔草原。2008年国家旅游局和环境保护部联合发布了《全国生态旅游发展纲要（2008—2015）》。为将我国旅游业建设成为遵循可持续发展原则的绿色产业，国家旅游局还将2009年确定为"中国生态旅游年"，全国各地纷纷推出各种生态旅游产品系列，进一步加强了我国生态旅游业体系的建立和完善。2011年3月出台的国家"十二五"规划里特别强调要全面推动生态旅游。2011年6月1日，《国家生态旅游示范区建设与运营规范》（GB/T 26362—2010）正式实施，标志着我国生态旅游的标准化进程又向前迈进了很大一步。

（2）生态旅游教育体系

我国生态旅游教育体系尚未完整形成，但其中一个重要分支森林旅游教育发展异常迅速。1990年前后，原林业部曾委托南京林业大学等举办过多次森林旅游培训班，1993年经原国家教委和林业部批准设置了森林旅游专业，并在原中南林学院成立了森林旅游系，招收了第一届森林旅游专业本科生，随后原林业部的其他部属院校如北京林业大学等也开始招收森林旅游专业的学生，此外一些中等林业学校也开设森林旅游学的课程，1998年教育部新颁布的专业目录中，森林旅游专业调整为森林的游憩利用与保护，开设的课程也与生态旅游有关。一些综合性院校的旅游学院也开始重视生态旅游教育，设置生态旅游课程，如云南大学旅游学院1997年就在旅游管理本科专业设置了生态旅游必修课程，并作为全校性选修课来开设。而生态旅游方面的研究生教育要早于本专科教育,在1987年原中南林学院就招收了生态学专业森林生态旅游的研究生,目前一些高等院校、科研院所,如北京大学、中国科学院地理科学与资源研究所、北京林业大学等都有生态旅游研究方向的在读博士生,这标志着我国生态旅游教育上了一个新台阶。

(3) 生态旅游科研体系

在我国,虽然把生态旅游作为明确的概念来进行研究开始于20世纪90年代,但是与其相关的研究从80年代就已经开始,如原中南林学院在1984~1990年,以张家界国家森林公园为基地对森林生态旅游进行了研究,并出版《张家界国家森林公园研究论文集》。到了1993年,在北京召开了第一届东亚地区国家公园与保护区会议,自然保护区开展生态旅游是议题之一。也是在1993年,中国林学会森林公园与森林旅游分会召开了第一届年会,研讨森林公园建设和森林生态旅游业的发展问题。生态旅游研究真正受到国内普遍重视始于1995年我国的第一届生态旅游研讨会,就我国生态旅游发展问题进行了深入探讨,达成了广泛共识,还建议国家旅游局将生态旅游作为旅游主题年并被采纳。1996年,在联合国开发计划署的支持下,召开了武汉国际生态旅游学术研讨会,并将生态旅游研究推向实践,对武汉市生态旅游发展规划提出了建设性意见。同年,国家自然基金委员会与国家旅游局联合资助了"九五"重点项目"中国旅游业可持续发展理论基础宏观配置体系研究",由国家旅游局计划统计司与中国科学院地理科学与资源研究所共同主持,开展生态旅游典型案例研究。1997年,"旅游业可持续发展研讨会"在北京举行,会议有不少文章涉及生态旅游,认为生态旅游对于保障中国旅游业可持续发展有重要意义。2002年,为响应世界旅游组织"国际生态旅游年",我国召开了两次重要的生态旅游会议,一次是8月份由中国生态学会旅游生态专业委员会在贵州省兴义市举办的"第一届中国西部生态旅游发展论坛",另一次是11月份在北京召开的中国生态旅游论坛会议。这两次会议深入讨论了旅游生态的理论与实践问题,广泛交流了生态旅游区开发管理与生态旅游业建设的经验,研讨了我国生态旅游业的发展潜力和机遇,实现了学者、政府官员、企业家的对话。自此,中国生态旅游发展论坛作为中国生态学会旅游生态专业委员会推动我国生态旅游业健康发展的重要平台长期举办,至2010年年底已成功举办七届,出版相关文集7部。除此之外,中国生态学会旅游生态专业委员会每年还会举办 1～2 次的针对生态旅游的全国性专题研讨会和调研活动。其中 2006 年在广东连州举办的中国生态旅游标准建设研讨会，极大地推动了我国生态旅游标准化的进程。2007 年在云南省昆明市召开的第四届中国生态旅游发展论坛和 2009 年在青海省西宁市举办的中国青海国际生态旅游高峰论坛显示了该领域的国际化与新进展。2009 年中国生态学会旅游生态专业委员会协助九三学社中央委员会在湖南、贵州两省进行生态旅游调研，向中共中央、国务院提交了《关于推动我国生态旅游发展的建议》，得到温家宝总理等国家领导人的批示，并作为提案向全国政协十一届三次会议提交。

中国生态旅游发展论坛

时间	届别	举办地	主题
2002.08	第一届中国西部生态旅游发展论坛	贵州省兴义市	生态·旅游·发展
2004.12	第二届中国西部生态旅游发展论坛	四川省雅安市	生态·旅游·发展
2006.10	第三届中国生态旅游发展论坛	江西省赣州市	生态旅游与乡村旅游
2007.10	第四届中国生态旅游发展论坛	云南省昆明市	生态旅游的实践与出路
2008.10	第五届中国生态旅游发展论坛	浙江省武义县	大力发展生态旅游产业，积极推进"两型"社会建设
2009.10	第六届中国生态旅游发展论坛	湖南省长沙市	走进绿色旅游，感受生态文明
2010.11	第七届中国生态旅游发展论坛	福建省泰宁县	倡导低碳旅游方式·发展特色生态旅游

2.4.3 我国生态旅游业存在的问题及对策

近年来，生态旅游业发展态势良好。目前，相当一部分自然保护区开展了生态旅游，不少高校院系设置了生态旅游相关专业，涉及生态旅游的研究和规划也越来越受重视。但值得注意的是，我国生态旅游业仍然存在着一些问题：一是存在重经济轻生态，重开发轻保护的倾向；二是一些地区将生态旅游作为市场营销的口号，以生态旅游之名行破坏资源环境之实；三是部分景区商业开发过度，环境容量超限；四是景区管理普遍存在条块分割、政出多门问题；五是相关立法工作滞后，缺乏统一的标准规范；六是生态旅游理念宣传普及不力等。

因此发展生态旅游,要吸取第二产业发展中先污染再治理、先建设再规范、先损害再补偿的教训,要高起点、高标准、高要求,将生态保护和可持续发展作为产业发展的立足点,加快推进传统旅游向生态旅游转型;要科学制定生态旅游发展规划,重视生态保护,将生态文明建设落到实处;要完善生态旅游管理的体制机制,制定统一的标准体系;要建立健全生态旅游的法律法规;要探索财政税收优惠政策,加大对生态旅游发展的支持力度;要依靠科技进步,为生态旅游发展提供科技支撑;要加强宣传教育,提高全社会生态文明意识。

2.4.4　我国生态旅游业的发展趋势

同世界生态旅游业一样,我国的生态旅游业在经过了20几年的发展后,出现了一些明显的变化趋势,主要体现在以下六个方面:

(1) 生态旅游者将持续增加。随着环境与发展问题的日趋尖锐,国家对环境问题的日益重视,不断加大环保宣传、教育的力度,人们的环境意识逐渐增强,回归自然成为一种时尚,为拓宽生态旅游客源市场营造了一个良好的社会环境。另外生态旅游的主动参与性更加合乎体验新鲜人生经历、实现自我的心理需求,使重游率稳中有升,因此生态旅游者将持续增加。

(2) 生态旅游在旅游业体系中占据的地位将越来越重要。随着生态旅游所倡导的旅游开发与环境保护有机结合观念深入人心,生态旅游的范畴从自然生态资源延伸到人与自然和谐的人文生态资源。生态旅游将被主流市场所接受并成为受欢迎的现代大众旅游新形式的主体,不论是旅游者数量,还是旅游收入都将在旅游业体系中占据越来越重要的地位。

(3) 生态旅游业体系将进一步完善。随着生态旅游在旅游业体系中的比重越来越大,与生态旅游密切相关的吃住行等关联产业将进一步完善。旅行社将有更多的生态旅游专职导游,饭店食宿和交通方式将更加符合环保要求,生态旅游纪念品也将成为新的消费时尚。

(4) 生态旅游产品更加个性化和多样化。随着生态旅游者的经历不断丰富,对生态旅游产品的个性和多样化提出了更高的要求,所以应从规划设计入手,充分考虑利用现有服务设施和社会条件,深入发掘生态旅游资源内涵,在主题策划、线路组合、宣传促销等方面做好工作,推进生态旅游产品朝个性化和多样化的方向前进。

(5) 世界生态旅游业一体化。出入境旅游的迅速发展促进了世界旅游业的发展一体化格局，主要体现在对旅游接待设施、旅游交通基础设施、城市自然环境的国际化、现代化和标准化的要求，也表现为对环境的关注日益加强。生态旅游无疑也在朝一体化方向发展。

(6) 科学技术对生态旅游业的影响越来越大。计算机的普及使预订系统形成世界网络，交通便捷使环球之内朝发夕至变为现实，信用卡交易通行世界，环保技术在生态旅游业中的逐步应用等等都说明科学技术对于生态旅游业乃至整个旅游业的影响越来越大。

3 生态旅游管理

3.1 生态旅游区管理

3.1.1 实施生态旅游区分区管理

对生态旅游区进行功能分区,目的是通过对游客的分流,避免旅游活动对保护对象造成破坏,以保证生态旅游区内的土地及自然资源保持在野生状态;同时对游客的活动进行有效控制和引导,把人为设施限制在最小范围内,从而使旅游资源得以合理配置和优化利用。

3.1.2 做好旅游景观生态规划

要从景观结构和功能上对生态旅游区进行景观生态规划。主要包括对旅游产品市场的需求及特征分析,生态旅游区自然、社会要素等基础资料和相关资料的调查搜集,景观分类和对景观结构功能及动态的诊断,然后通过不同类型的结构规划,构建不同的功能单元,从整体协调和优化利用出发,确定景观单元和组合方式,选择合理的利用方式。

3.1.3 合理制定生态旅游管理容量

生态旅游管理容量是生态旅游持续发展的保证,是对游客数量进行控制的依据。可以根据生态旅游地景观结构和功能划分出容量不同的区域,计算出每个区域的生态容量值,并结合季节特点、游客数量的动态变化,进行动态估测,最终设计出生态旅游区的生态管理容量。同时,对游客数量的控制,可以通过价格手段、限量售票、景区轮流对外开放等方式实现。

3.1.4 加强对生态旅游区管理者和旅游者的生态管理

生态旅游的开发首先应对生态旅游区管理人员进行教育培训,使他们认清当前旅游发展趋势,在旅游开发与经营中自觉运营生态学原理,推出真正的生态旅游产品,促进生态旅游的开发与环境保护协调发展。游客的生态教育也是生态管理中极为重要的一个环节。对游客的生态教育可采用多种有效的方法和措施，如在旅游区内设立具有环境教育功能的基础设施、增加旅游商品中的生态产品、对游客的环境行为采取一定的奖惩措施等，使他们在旅游中自觉遵守生态旅游条例规范，提高其生态意识、环保意识，使其成为保护生态环境和生态旅游资源的一分子。

3.1.5　加强对旅游区从业人员生态环境知识的培训

要对从事生态旅游工作岗位人员进行专业培训，学习旅游政策、市场动态、生态旅游区的经营操作程序、环境教育等专业知识，使他们能真正承担生态旅游的各项工作，特别是能够向游人进行充分的介绍和宣传以达到生态教育的目的。尤其要加强对导游人员的培训，以此给予游客更高的生态旅游体验，引导游客的生态旅游行为，使生态旅游向更高的层次提升。此外，生态旅游的开展离不开社区居民的积极参与，为此要注意加强对当地社区居民生态环境知识的培训，不断提高社区居民的环境保护意识，树立与自然和谐相处的可持续发展旅游观念，形成全社区自觉保护环境、美化环境的良好氛围。

3.2　生态旅游区环境管理

生态环境保护是生态旅游业可持续发展的重要保证，需要采取行之有效的措施和手段来管理、维护和改善生态旅游区的环境质量，促进生态旅游业的健康发展。

3.2.1　环境管理的内容

（1）管理由生态旅游、生活等活动引起的环境污染。这主要有大气污染、水体污染、垃圾污染、噪声污染、视觉污染、社会文化污染等。

（2）管理由不合理生产、开发活动引起的环境质量下降。不合理的生产、开发活动主要指毁林开荒、滥伐木材、开矿建窑、炸山取石、挖山取土等生产活动，以及在缺乏深入的调查和必要的论证规划的条件下，生态旅游资源的盲目开发和不合理利用。

(3) 管理生态旅游区有特殊价值的环境和资源。主要包括保护管理野生动植物资源，特别是珍稀濒危植物、珍贵野生动物和古树名木的生长及栖息环境，保护管理特殊的自然历史遗迹的地质构造、地貌景观等。

3.2.2 环境管理的措施

（1）制定环境保护与建设规划。环境保护和建设规划的主要内容有环境调查和评价、环境预测、保护目标、环境功能区划、规划方案设计与实施、规划实施后的信息反馈与监督等。环境规划应纳入总体规划之中，以便于统筹安排，并与其他规划协调发展。

（2）建立环境管理信息系统。环境管理信息系统是在环境信息（资源调查数据、环境质量监测数据、游人数量与需求变化情况和资源开发状况）的收集、统计分析的基础上利用这些环境信息进行环境质量评价、预测、控制的管理决策系统。它既是各种环境信息的数据库，也是环境管理决策和策略研究的实验室，可以帮助生态旅游区实现环境规划建设目标。

（3）开展旅游环境保护科学研究。要改变业已存在的环境问题，必须依靠科学技术，尊重科学，把生态旅游业纳入科技研究、管理的轨道，才能使生态旅游业健康、持续地发展。

（4）实行旅游区动态环境监测。采用先进的环境监测仪器和科学的环境监测手段，定时对生态旅游区进行环境监测，还要严格进行环境影响评价和环境审计，把握旅游环境容量。建立相应的旅游区生态监测定位站，及时掌握游客的时间分布、生态影响过程及环境容量、质量演变方面的现状，以便实施有效的生态恢复行动。

（5）强化法制观念，健全环保制度。生态旅游区管理部门要认真领会贯彻有关的环境保护法律法规，增强法制观念，加大执法力度，严格依法管理和保护旅游环境。同时要根据地域特点，建立健全旅游环境保护的各项规章制度，然后根据谁主管、谁负责的原则分类别、分层次、分范围地明确管理职责，配设专人，列入岗位目标管理。

（6）加强游人的生态管理。一方面要通过确定环境的适宜承载力来从时间上引导游客的利用强度，通过合理的生态旅游功能分区来从空间上实现游客的利用分布，从而保证游客对环境的影响控制在生态系统可调节的范围之内；另一方面运用各种媒体，多形式、多层面的营造保护环境的氛围，倡导绿色文明旅游，教育和影响广大生态旅游者，切实做好保护环境的工作。

（7）加强对环境保护的社会监督。充分运用新闻舆论等多种手段，广泛深入地宣传有关环境保护的法律法规，提高生态旅游区管理人员、员工、游客、社会公众人员的环境法治意识，形成全社会自觉保护环境、美化环境的强大舆论氛围，建立和完善社会监督渠道，积极听取相关公众对环境保护的意见和建议，不断改进生态旅游区环境保护工作。

3.2.3 生态旅游者管理

生态旅游者是生态旅游的主体，也是生态旅游管理的主要对象之一。对于生态旅游者的管理要在对其教育的基础上，通过法律、法规、制度等手段对旅游者行为进行制约。一些旅游协会和旅行社制订了生态旅游者应遵守的准则，如美国旅行社协会（ASTA）提出的生态旅游者10条"道德标准"。中国中央文明办、国家旅游局等有关部门在2006年联合发布了《中国公民出国（境）旅游文明行为指南》和《中国公民国内旅游文明行为公约》。其中公约全文如下：

中国公民国内旅游文明行为公约

营造文明、和谐的旅游环境，关系到每位游客的切身利益。做文明游客是我们大家的义务，请遵守以下公约：

1. 维护环境卫生。不随地吐痰和口香糖，不乱扔废弃物，不在禁烟场所吸烟。

2. 遵守公共秩序。不喧哗吵闹，排队遵守秩序，不并行挡道，不在公众场所高声交谈。

3. 保护生态环境。不踩踏绿地，不摘折花木和果实，不追捉、投打、乱喂动物。

4. 保护文物古迹。不在文物古迹上涂刻，不攀爬触摸文物，拍照摄像遵守规定。

5. 爱惜公共设施。不污损客房用品，不损坏公用设施，不贪占小便宜，

节约用水用电，用餐不浪费。

6. 尊重别人权利。不强行和外宾合影，不对着别人打喷嚏，不长期占用公共设施，尊重服务人员的劳动，尊重各民族宗教习俗。

7. 讲究以礼待人。衣着整洁得体，不在公共场所袒胸赤膊；礼让老幼病残，礼让女士；不讲粗话。

8. 提倡健康娱乐。抵制封建迷信活动，拒绝黄、赌、毒。

对游客管理可采取下表所示的策略：

处理游客不当行为可采取的管理策略

类型	主要策略	次要策略	可采用措施
游客社会环境管理	游客教育	生态旅游资源介绍，说明行为后果，教导正确使用环境资源技能	游客中心，标志，发行物（折页、游客手册），无线电子设备，大众传播媒体，面对面沟通（解说员），公听会
		身份认同	报酬奖励，赋予荣誉感、责任感
	使用限制	使用量, 使用时间, 使用资格, 使用区域, 活动内容, 物品种类	预约系统，游程设计，指定线路，弹性价格，指定使用区域，许可制度，检查携入出山区物品，服务限制，法令规范制定
	降低使用	改变游客使用形态、时间、地点、方法	资讯传播，解说教育，取缔巡逻，弹性价格，阻止使用（不改善交通）
		分散游客使用（时间及空间）	资讯传播，规定使用空间及时间，弹性票价
		集中游客使用（时间及封闭）	资讯传播，规划相容性活动
	封闭	暂时性封闭	定期休园，不定期休园，分区轮休
		永久封闭	全区封闭，分区封闭
实质环境管理	规划计划	目标设立	建立适合资源之发展目标，检讨目标
		分隔冲突性，旅游活动（时间空间）	设置障碍物，改变出入口数量地点，交替使用，设置缓行区
		设施规划设计	规划正确设施位置，提供足够的设施数量，提供所需设施种类，加强设施耐久不易破坏性
	经营管理	移去破坏痕迹	加强巡逻，加强维修护工作，环境清理，环境监测
		合理化管理措施	解说措施，游客意见征询，讨论游客管理规划

3.3 生态旅游从业人员的管理

3.3.1 对生态旅游导游员的管理

生态旅游导游员负有引导游人、寓教于游的任务，使每一个景点都成为宣传生态文明、推广绿色思想的课堂，导游员就是其中传播生态知识的教师，对于导游员的要求如下：

(1) 要有引导游客保护自然的功能，旅行策划者要有明确的生态意识，领队、导游要适时对游客进行保护环境的教育；

(2) 选择具备生态旅游条件的目的地，避开脆弱、敏感的生态旅游地域；

(3) 在计划阶段，要充分听取地域生态科研人员和自然保护团体的意见；

(4) 旅行团队人数要控制在适当的范围内，一般为 20 人以内；

(5) 游客进行事前教育，以提高游客对生态保护重要性的认识；

(6) 培训导游，使他们理解生态旅游的概念；

(7) 尽量安排熟悉当地自然和文化的地方导游；

(8) 尽量选择当地人经营的旅馆，并向旅游者建议购买不影响当地自然环境的土特产品；

(9) 指导游客与当地人进行交流，组织各种有助于自然生态保护的公益活动。

3.3.2 对生态旅游企业的管理

(1) 旅行社的管理：建立旅行社绿色产品体系；树立绿色经营观念；开展旅游教育与培训；注意绿色宣传与营销；旅游活动反思。

(2) 旅游饭店的管理：使用清洁能源，采取清洁的生产流程，生产清洁的产品，做到清洁化生产；推出绿色客房，推广绿色食品，营造绿色环境气氛等生态化的服务产品和生态化的服务过程；用减量、再使用、再循环、替代等原则来指导资源的消耗，进行集约化消耗；树立绿色营销观念；注重绿色宣传。

(3) 旅游交通企业的管理：提倡人力车、畜力车、流动旅馆汽车、住宿车、游览车等以及徒步等绿色陆运交通，尽量减少进入景区的机动车辆；采用电动船或无动力船等绿色水上交通工具；在海洋旅游区，较大规模的河

流、湖泊、峡谷旅游区,草原旅游区及原始森林等生态旅游景区适宜使用鸟瞰全景的直升机、大气球、观光飞艇、降落伞等,有利于生态多样性和植被的保护,减少野生动物的自然生活状态干扰。

3.4 生态旅游社区管理

生态旅游社区管理指的是对生态旅游目的地所在社区加强管理,使社区参与到生态旅游业中来,让生态旅游区与社区共同促进、共同繁荣、持续发展。

3.4.1 社区管理的目标

加强生态旅游社区的管理,首先要确定其管理的目标,然后找到目标实现的途径。

生态旅游社区管理的总目标是生态旅游区域社区协调、持续的发展,主要包括以下内容:

(1)社区人民生活质量的提高。这包括生活水平的改善、区域经济的增长、地方文化的传承、道德水平的提高、社会秩序的和谐以及居民素质的改进等内容,社区人们生活质量的提高是社区自身发展的要求,也是旅游扶贫的主要目标与体现。

(2) 生态旅游者高质量的体验。生态旅游者来到旅游目的地,主要是为了获得一种基于某种动机的旅游体验,体验质量的高低直接影响着其旅游需求的满足程度,这种满足程度反映了旅游目的地的吸引力,影响着旅游目的地和社区的形象和声誉。

(3) 社区和生态旅游者所共同依赖的环境的质量得到维护。对自然资源和文化遗产的保护维护是地方乃至整个世界所共同关心的问题。环境既是自然和文化资源的存在基础,又能对人类经济活动产生的废物进行自我净化,还可以满足人们对舒适性的要求,因此维护环境是生态旅游业和社区经济发展的必要条件。

3.4.2 生态旅游社区管理的措施

(1) 加强宣传、教育和培训。通过宣传、教育和培训等手段,可以帮助社区居民提高对环境保护和旅游业可持续发展的认识，增长如何进行环境保护和提高社区可持续发展能力的有关知识，领悟自己对社区发展所负有责任，改变一些错误观念和行为方式，建立与管理目标相一致的道德观、价值观，积极参与到可持续的生态旅游事业中。

（2）引导当地居民参与生态旅游业。直接吸引社区居民参加生态旅游区的管理建设工作，或者制定有关政策让社区居民自发参与旅游服务接待工作，生态旅游区仅仅收取一定的管理费。这将使社区居民在实践中认识到生态旅游是与他们长远利益休戚相关的事业，有利于管理目标的实现。

（3）提高居民合理利用资源的能力。用科学技术做指导，在对传统生产项目进行合理改造以提高资源利用率的同时，积极扶持社区居民开发新的生产项目，发展多种经营，还可以根据条件开发利用水力资源，发展水电，提供无污染能源等。这样能够减少他们对资源的过度依赖，带来一定的经济收入，对维护环境质量、提高居民生活质量有直接的作用。

3.5　新西兰国家公园绿色管理经验

3.5.1　国家公园管理的绿色理念

（1）保护的目的为了休闲利用

新西兰的《保护法》将保护定义为："保存并保护自然资源和历史资源，是保持其内在的价值，为公众提供欣赏和休闲娱乐，并维护子孙后代的权益"，国家从法律的角度赋予国家公园保护和休闲两大功能。而且保护的目的非常明确，就是为了利用，不仅当代人利用，还应该考虑子孙后代也能用，充分体现了可持续发展的代际公平观。

（2）游客走进去的保护

新西兰国家公园的保护是柔性保护。保护从游客做起，为了提高游客保护的意识，国家公园敞开大门，让游客进入，游客通过进入国家公园，了解、享受和学习自然，真正明白自然的保护价值，提高保护的意识，最后达到真正保护自然的目的，实现了国家公园的"走进自然、享受自然、学习自然、保护自然"的终极目标。

（3）梯度的游憩带谱体现分区保护理念

新西兰国家公园的旅游开发也有空间上的功能限制，为了协调国家公园保护和游憩功能的矛盾，新西兰国家公园的旅游项目和食宿设施在空间布局上充分考虑了保护的理念，根据国家公园不同区域保护严格程度的差异来布局旅游活动，形成了自内向外的随着保护严格程度的递减梯度的游憩带谱布局。现以Tongariro国家公园的梯度的游憩带谱布局为例进行说明。

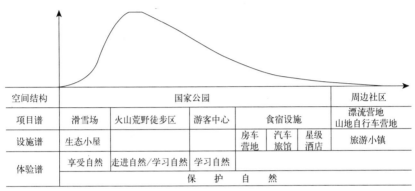

Tongariro国家公园的梯度的游憩带谱

Tongariro国家公园是新西兰第一个建立的国家公园，同时也是世界自然遗产，其旅游卖点是滑雪和火山遗迹荒野徒步。在空间布局上，根据国家公园保护的区域差别，从国家公园的内部至周边社区，依次布局了滑雪场—火山荒野徒步区—游客中心—食宿设施—漂流和山地自行车营地；其中接待设施从内向外的布局为：生态小屋—房车营地—汽车旅馆—星级酒店—旅游小镇，既体现了由内向外对环境影响由弱到强的梯度布局，又满足不同层次游客对设施和服务差异的需求。上述布局保证完成国家公园为游客提供的走进自然、学习自然、享受自然和保护自然的游憩功能。

3.5.2 新西兰国家公园绿色管理特色

新西兰国家公园的绿色管理与世界其他国家相比颇具特色，具体体现在下述四个方面。

(1) 绿色规划技术

新西兰国家公园具有较为成熟的规划技术，具体体现两点：

①有详尽的前期调查作为规划的基础

新西兰国家公园的开发管理是基于其13个国家公园的资源本底做了较为系统的调查研究基础,《探索新西兰》对整个新西兰的自然、文化、旅游设施等进行了详细的记录,为国家公园的规划和管理奠定了基础。

②有相对完善的技术方法作为规划的导则

林肯大学公园、旅游和环境管理学院是新西兰国家公园旅游发展的技术支撑单位。通过对新西兰4个旅游区近10年的研究,以Simmons教授为首的研究团队帮助国家旅游部制定了"旅游规划工具"(Toolkit),同时引入了澳大利亚的绿色环球21标准体系,使国家公园旅游规划与发展有章可循。当然,在长期的工作积累中,国家保护部也归纳、总结出解说系统、小道、户外设施建设等方面的有益经验,发行了专题工作手册指导实际工作。

(2) 绿色设计亮点

新西兰国家公园的设计技术有三个亮点——游客中心、徒步小道和宿营地,这三大亮点充分体现了国家公园的"走进自然、学习自然、享受自然、保护自然"的功能。其设计技术可以稍加改进就移植到我国滇西北普达措国家公园的具体设计项目。

①游客中心——打开国家公园的钥匙

3个国家公园和到访的所有游憩场所,无一不有游客中心,主要完成向游客提供解译、咨询等功能。每个国家公园的游客中心的布局基本相似,均由卖场、服务台、展示区和小剧场组成。国家公园游客中心的工作人员是保护部的员工,他们熟悉公园的情况,在你需要帮助的时候总能伸出援手。从这里游客可以了解到公园的一切:历史沿革、形成演化、地质、生物、旅游资源、线路、设施,这里的表现手法和信息传递途径多样:图、文、模型、人员解说、短片、实物,用心的设计、科学的设计使得每一个游客中心在具有个性的同时又能够满足不同层次游客的需要。可以说,游客中心是打开国家公园的钥匙。

②生态徒步小道——走进自然的通道

新西兰每个国家公园核心卖点的自然景观区,游客均可以走进,其通道就是生态徒步小道。在Tongariro国家公园,生态徒步小道穿越火山荒野区;

在 Arthur's Pass 国家公园，徒步小道将游客引向瀑布；在 Aoraki Mt Cook 国家公园，徒步小道是观 Cook 雪山的移步换景的最佳廊道。

③多样的宿营地类型

新西兰国家公园充分考虑市场细分，提供多样的接待设施。尤其值得借鉴的是其融入自然的、多样的宿营地类型，第一种宿营地是有固定房屋的"宿营村"，在我们考察的三个国家公园的边缘，都有一个规模相当的"宿营村"，如 Tongariro 国家公园的 Whakapapa 村。这些"宿营村"扮演了大本营的角色。第二种是房车营地，在 Tongariro 国家公园的森林里就建有规模相当、水电设施俱全的房车营地；在 Aoraki Mt Cook 国家公园的雪山脚下设置的是自助营地，大量的自驾车游客在此宿营，宿营设备或是房车或是汽车甚至有小轿车，自助营地的收费采用自助的方式，其中自助交费颇具特色。

(3) 保护强势下的特许经营制度

在新西兰，所有国家公园、保护区等都在保护部管理之下，特许经营权由国家惟一的保护部授予，体现了新西兰公共资源（国家公园）的"国家统一管理"的模式。新西兰国家公园特许经营经验主要体现为公平和公开，具体表现在下述 5 个方面：

①基于保护和旅游双赢的特许经营目的

新西兰国家公园特许经营的目的为了国家公园的保护和游憩两大功能协调发挥，即"双赢"。其第一目标是为了保护资源和环境；第二目标才是为游客提供适当的旅游设施、服务保证旅游者享受自然利益。

②项目分散的特许经营方式

新西兰国家公园特许经营的方式是分散的，如徒步、山地自行车、皮划艇、公共汽车、直升机、飞机、船只、直升机滑雪、酒店、生态小屋、滑雪场等项目均是分别特许给不同的经营者。这种分散的特许经营方式，使保护部和被特许经营者完成各自的保护任务和在保护前提下提供旅游服务，保证国家公园的保护能够落到实处。

③特许经营的时间较短

在新西兰国家公园，特许经营项目的时间均较短，具体根据项目的性质不同，分为三类特许经营项目：第一类项目是一次性活动项目，这些项目环境影响很小，与相关法律法规目标一致，不含永久性建设，其特许经营期限不多于 3 个月。如在 Tangariro 国家公园拍摄电影的《指环王》项目，其特许时间均限制在 3 个月之内。第二类项目是影响小的、不需要公示的特许经营项目，这种项目经营活动的影响相对容易识别检测，特许经营期限限制在 5 年之内。第三类项目是影响大的、需公示的特许经营项目，这种项目经营活动或选址对环境将带来非常大的影响，或者所选择的地点牵涉到公众利益，这类申请将公开通报，特许经营期限可以在 5 年以上。

④管理与经营两权分离的特许经营机制

⑤严格的特许经营审批制度

新西兰国家公园的特许经营遵循国家严格的审批制度，对一些重大的、涉及当地社区居民的项目还需进行公示。

(4) 社区公众全方位参与机制

新西兰作为一个新兴的移民国家，国家公园管理中的社区参与颇具特色，表现在下述四个方面：

①新西兰是先有国家公园，后有旅游社区

新西兰的国家公园中，基本没有社区居民居住。新西兰是先有国家公园、后有旅游社区，国家公园的建立和发展最重要的意义体现在它为带动周边的社区经济所作的贡献上，许多早先为移民们开发矿产等自然资源而设立的临时居住点，由于国家公园的建立而逐渐发展成为富饶而别具特色的旅游小镇，而这些小镇也早已停止了各种破坏自然资源的行为，转而开展旅游及相关的各种产业，从而走上了可持续发展的道路。

②社区居民参与到国家公园管理的各个环节

新西兰国家公园社区居民参与到各个环节，这与新西兰公民的民主意识、环境保护意识及受教育程度普遍较高密切相关。国家公园管理局在规划、保护和委托经营等环节上，社区居民均参与进来，全程的监督。在具体的管理决策上，起决定作用的往往不一定是政府，而是当地社区居民的意愿。

③社区居民参与范围的整体性与广泛性

新西兰国家公园管理局大力推动社区参与并不是仅仅关注旅游所带来的经济利益。为实现国家公园及相关社区在经济、社会、环境的统一协调发展，管理局特别重视社区参与范围的整体性与广泛性。如 Tongariro 国家公园，其旅游开发的主题是一个覆盖整个地区所有社区的区域性概念，各种基础服务

设施，如酒店的布局，交通系统如公路、自行车道及人行栈道的设置，在突出特色、整体布局的原则下，通过与相关社区多形式、多渠道的沟通，与社区居民一道，充分研究与分析所涉及社区在各自特色产业发展、文化与环境保护优势与劣势，从而开展各种项目并进行有限度的建设。单独的一个村庄不可能吸引到足够的游客而带来经济效益，同时还极有可能加大整个地区的社会与环境成本。国家公园通过对与其他相关部门、广大社区紧密合作，已逐步实现了社区的有效组合，并开始发挥这种组合的规模效益。

④对毛利文化保护的关注保证了土著居民的积极参与

新西兰自称是三元文化，其主体是欧洲移民、毛利人和亚裔移民。新西兰旅游业发展伊始，政府就将该国的旅游资源及特色定位于自然遗产和毛利文化。2004年，新西兰国家旅游部在其报告中再次重申了毛利文化对于提高该国旅游产品的价值及其国际市场竞争力所具有的重要地位。在新西兰，大多数国家公园集自然遗产与毛利文化于一体，作为旅游业最重要的目的地，管理部门关注环境保护的同时，对推动毛利文化的保存、继承与发扬更是不遗余力。这些国家公园无论是形象定位还是产品设计，乃至公园的历史、价值构建等都力图突出毛利文化的因素。这些做法，获得了当地毛利人社区的大力支持，重要的是，这种对传统文化的尊重和重构是减少市场经济对社区带来负面影响的最好途径。

4 生态旅游规划

4.1 生态旅游规划概述

4.1.1 生态旅游规划的定义

生态旅游规划是旅游规划发展的高级阶段,对生态旅游开发与建设具有重要意义。生态旅游是在调查研究的基础上,根据旅游规划理论与生态学、环境学、生态伦理学等的观点,以可持续发展为指导,通过对未来生态旅游发展状况的构想与安排,将旅游者的旅游活动和环境特性有机结合起来,进行生态旅游活动。在空间环境上的合理布局,并能为当地社区带来公平的受益,寻求生态旅游业对环境的保护和人类福祉的最优贡献,保持生态旅游业永续、健康的发展与经营。生态旅游规划不仅是一门科学,更是一门艺术。与一般旅游规划相比,其区别主要在于强调适宜的利益和回报,但更强调维护环境资源的价值;它不去满足旅游者的所有要求,而是有选择的满足;它不仅考虑旅游活动的规模、效益,而且还为未来的旅游发展指明方向,留出空间;它是涉及旅游者的旅游活动和环境空间相互关系的规划,因此将旅游活动、当地社区的生产活动与旅游环境融为一体。

4.1.2 生态旅游规划的类型和特点

(1) 生态旅游规划的分类

生态旅游规划的类型因研究的角度不同,划分的方法也不同。

从规划内容的性质来分,主要有生态旅游发展战略规划与生态旅游规划设计。战略规划是从全局和宏观上指导生态旅游的发展问题,综合考虑整体利益,解决战略目标与战略行动问题,明确其在整个国民经济中的地位,并要求制定相应的政策和法规,以保证健康、持续发展。规划设计则是具体到当地生态旅游建设,注重可操作性,对生态旅游景区的建筑风格、功能布局作出规划设计,追求人与自然的和谐统一,并有相应的基础设施建设规划,以支撑规划目标的顺利实现。

从范围和层次来划分,可以有区域性、目的地性、景区(点)性等不同层次的生态旅游规划,其中最重要的是区域性生态旅游规划。区域生态旅游规划综合性、地域性很强,是国家生态旅游规划的基础。区域并非一个明确的概念,一般认为,区域是一个均质性的空间范围,它根据某些特定指标划分的,它是选择某些具有地区意义或地区问题的现象,并排除其他一切无关的现象所形成的。区域生态旅游规划常常是跨国界的,如果在开展生态旅游时不统一规划,就很难达到环境保护的目的。如国际河流所形成的流域生态系统,如果上游国家的植被遭到破坏,下游国家的水质必然会受到不良影响。目的地性的生态旅游规划,也可以称为生态旅游区规划,是生态旅游规划的重要层次,比区域生态旅游规划更详细,是生态旅游规划的核心和重点。生态旅游区规划以生态旅游资源为基础,强调景点、服务设施的规划建设是否实现了对生态旅游资源的保护性开发和谋福于当地社区。生态旅游景点规划重点是实体规划、土地利用与设计,要用美学、生态学原理等来规划管理自然与人文景观,要协调好自然环境、人文环境和人工建筑的关系,规划内容可以直接指导有关设施的建设和施工。

(2) 生态旅游规划的特点

生态旅游规划除了具备一般旅游规划的特点,如决策的科学性、内容的综合性、发展的预见性、成果的政策性和实践的可操作性外,还要具备生态性、整体性和特色性等特点。生态性要求注重运用生态学规律,合理利用自然生态系统,保持其稳定性,从而使生态环境和生物多样性不被破坏。整体性是指要从系统论的观点出发,认真分析生态旅游活动与环境承载力、生态旅游业和社会经济发展与环境保护的关系,有效协调生态旅游目的地生态系统及其组分间的相互关系,全面考虑生态旅游规划所涉及的因素,实现整体优化利用。特色性则要求一定要充分发挥当地生态旅游潜力,把握自然生态系统的特征,挖掘其文化的内涵,开发出适销对路、特色鲜明的生态旅游产品,展现出地方资源的特色。

4.1.3 生态旅游规划的目标和原则

生态旅游规划的基本目标是生态旅游资源及其环境的保护,重要目标是社区经济的发展。因此,开发要限定在资源和环境可承受范围内,在强度上应控制性开发,在方式上要选择性开发。所以生态旅游规划应与当地国民经济和社会发展计划相协调，使社会效益、经济效益和生态效益相统一，突出特色，塑造独特的旅游总体形象，坚持政府引导，市场主导，企业经营，社会参与，并应遵循和强调以下原则：

(1) 生态学原则。任何一个景区都是具有特定结构和功能的生态系统，是一个由多个斑块和廊道所组成的整体的旅游景观。旅游地景观的格局及其生态过程有其自身的规律性，生态旅游规划应据此来设计景观的结构，以遵循其生态系统的连续性，改善其功能。

(2) 环境容量控制原则。生态旅游地是一个特定空间的地理区域，其旅游资源环境和社区的经济环境及其居民对旅游业的支持和认可都有一定的限度。在旅游规划和开发过程中，保护自然与文化景观资源以及生态环境，是生态旅游可持续发展的基础。因此，必须遵循生态旅游环境容量的基本理论，及时协调旅游与环境的相互关系，把旅游活动和游客进入数量控制在资源和环境的承载力范围内，以免旅游资源及环境受到破坏，保持生态系统的稳定性。

(3) 资源和知识有价原则。在生态旅游规划和开发中，只有充分认识"资源有价"，开发者、管理者、旅游者才会自觉地去保护它。因此，在旅游开发管理中，让资源入股，并从旅游收入中回投资金，专项用于保护资源和环境。只有让资源占生态旅游开发效益的一部分股份，资源的保护才会有经济支撑。"知识有价，科技兴旅"能减少传统大众旅游的粗放型开发，避免在开发中破坏，还能避免因管理低水平所带来的影响和破坏。同时在资金的投入上，避免"画蛇添足"，尤其要杜绝把景区"城市化"的建设投资，确保资金投在必不可少的组织和建设上。构建一种"资源＋知识＋资金"的综合发展投入模式，坚持"资源有价、知识有价、资金投在点子上"的原则。

(4) 多方参与原则。在规划设计时，应采取多种形式，普遍征求利益相关者的意见，了解更多的情况，吸收其中的合理建议和意见，获得最后的规划效果。特别是请社区居民参与到规划的建议和决策中，增强规划的地方特色。更为重要的是让社区居民真正成为生态旅游的受益者，以实现生态旅游的扶贫功能，使社区居民能够积极保护生态旅游资源环境和支持生态旅游业的发展。

(5) 原汁原味原则。生态旅游规划是要尽量保持旅游资源的原始性和真实性。不仅要保护大自然的原始韵味，而且要保护当地特有的传统文化、民族风情等。避免因开发造成自然和文化污染，避免把不适宜的城市文化移植到景区来。另外，旅游接待设施应当与当地自然和文化相协调，保证当地自然与人和谐的意境不受损坏，提供原汁原味的真品和精品给游客。唯有如此，才能真实地反映当地人与自然协调共生的生态美。

4.2 生态旅游规划的程序和内容

4.2.1 生态旅游规划编制的程序

生态旅游规划是一项复杂的系统工程，需要开发管理部门、环境保护部门以及公众的参与和合作。生态旅游规划的编制程序如下：

(1) 研究准备

明确规划范围，组建规划队伍。包括规划设计、市场营销、经济和财务分析、生态环境、基础设施规划、社会学等方面的专业人员，对规划地进行可行性研究，对准备规划的地区是否可以进行生态旅游开发进行潜力评价。

(2) 确定规划目标和保护对象

制定生态旅游规划，首先应该确定规划目标，就是规划什么，为什么规划的问题，在确定目标的同时要考虑区域性的重要生态系统、关键物种等保护对象和主要环境问题。

(3) 实地调查与分析

①生态旅游环境的调查分析。确定开发目标后，应弄清规划区域的自然与人文生态环境的基本情况，包括自然概况、珍稀濒危物种的生存现状等，确定需要特殊保护的区域，为生态旅游开发保护奠定科学基础。

②生态旅游资源的调查分析。系统调查规划区域内生态旅游资源的基本情况和开发条件，对资源本身的特性特质进行科学评价，以确定其是否值得开发、如何开发、何时开发、为谁开发等，为生态旅游资源的合理开发利用和规划建设提供科学依据。评价的内容包括美学价值、科学价值、历史价值等。

③生态旅游客源市场调查分析。根据规划区内生态旅游资源类型及生态

旅游者的需求进行调查分析，对生态旅游市场进行评价，了解生态旅游市场总体态势和旅游者对规划区域生态旅游产品的需求情况，为规划准备第一手材料和可靠信息，并为充分利用生态旅游资源寻找客源市场和途径。客源市场的分析指标主要有：客源地的地理位置及特征；客源地的社会与经济发展情况；对旅游活动的态度和参与兴趣；年游客人数和经济支出；主要旅游动机；客流量随季节的变化；各类旅游区和旅游活动的逗留作用；游客的年龄、职业、文化层次和经济收入水平；游客与旅游目的地的各类关系，如血缘、文化交流、科学协作等；客源地国家或民族的风俗习惯和信仰等。在这些因素中，旅游目的地与旅游客源地之间的距离是非常重要的影响因素。

④生态旅游区的综合调查评价。根据规划目标和环境的特征、旅游资源类型的假定，确定生态旅游资源及旅游环境的承载力、景观地域组合、景观的分异度和丰度值、资源分布的形态结构和可进入性评价；分析生态旅游区区位条件以及其与依托城市间的关系；对生态旅游区的社会经济情况、开发条件、施工条件经济等因素进行评估；评价生态旅游区社会和生态环境，确定其景区容量和开发规模。

⑤区域经济基础调查评价。旅游业与区域经济发展的各产业都有着密切的关系，没有区域经济基础做后盾，生态旅游开发工作开展较为困难。同时旅游业又是区域生产综合体的重要组成部分，生态旅游区的开发必然带动众多相关产业的发展和劳务市场的调整。所以要对生态旅游区依托的区域进行调查，分析其经济基础，评价开发资金情况、投资条件、交通、通信、劳务、水电等，确定旅游区的开发区域条件。

(4) 分析和综合。在调查分析的基础上，确定景区的主体形象、市场目标、生态旅游产品体系、营销方案，对游客中心、餐饮、住宿、道路、娱乐、通信、水电以及环境卫生等基础配套设施进行预测并合理布局，对生态旅游开发的经济、环境和社会影响进行评价，明确发展生态旅游的重大机会和制约因素。

(5) 社区参与机制的拟订。生态旅游可持续发展是一个宏观体系，社区参与是不可或缺的环节，是民主思想和民主意识在生态旅游规划和发展中的体现。因此，在进行生态旅游规划时，除了考虑管理机制、人才培养、资金筹集等支撑体系外，还要充分考虑社区居民的利益，拟订让社区居民参与生态旅游事业的方案，使社区居民真正从旅游中获得利益，应创造保证居民参与的咨询机制、居民参与的利益分享机制和培养居民旅游意识和培训居民旅游专业技能的机制等。

（6）形成规划方案。在满足既定规划目标的前提下，依据可持续发展的原则和生态学规律，根据规划内容编制规划草案，再经过进一步的筛选、修改形成最后方案。方案中既应有空间上各类设施的布局，从时间纵向上还应有分阶段开发的具体安排，同时分析生态旅游开发将会给环境带来的正负面影响，为规划方案的优化提供生态学依据。

（7）修正反馈。规划方案制定后，应用定性或定量的方法进行初步评价，根据评价结果分析是否达到规划目标，如有偏差，要及时修正。进入建设实施阶段后，还要进行定位或半定位的环境监测，分析生态旅游开发规划将会给区域环境带来的正负影响。根据监测反馈回来的信息及客观情况的变化，对区域的规划设计及时修正，使规划方案趋于完善，为生态旅游可持续发展奠定良好的基础。

4.2.2 生态旅游规划的内容

生态旅游规划的内容目前还没有统一的标准和规范，而且规划层次不同其内容也不一样。对于区域性生态旅游规划而言，主要是强调战略性和宏观性，以发挥政府在生态旅游规划发展中的引导作用。对于生态旅游区规划而言，由于其是开展生态旅游活动的旅游目的地的统称，规划内容主要包括：背景情况分析、产品系统规划、支持系统规划。其中，背景情况分析是生态旅游规划的前提基础，产品系统规划是生态旅游规划的灵魂和核心，支持系统规划则是实现产品系统规划的有力保障，这三部分内容相互联系，缺一不可。

（1）背景情况分析

对生态旅游地的基本情况（包括自然地理概况、社会经济情况、生态环境质量等）、生态旅游资源的规模与质量、开发建设条件、规划的理论依据与指导思想等逐一进行分析说明，以提供规划的基础理论与数据，为更好地理解规划思路奠定基础。其中主要是对资源、环境的研究。资源是基础的基础，因此首先要对它的类型、质量、数量、分布进行分析和评价。资源的特色和环境特点决定区域特征，其中资源特色是主要因素，同相邻地区资源环境条件进行分析比较，找出自己的特殊性资源、优势资源。其次是区位分析，一方面分析旅游资源的品位及其使用的功能和效益；另一方面就是旅游区的区域背景。这一部分可以通过基本情况、生态旅游资源评价与分析、生态旅游区优劣势及发展的机遇和挑战分析、生态旅游市场定位和预测等几个章节的文字和现状图、区位图、客源市场分析图等图件来说明完成。

(2) 生态旅游产品系统规划

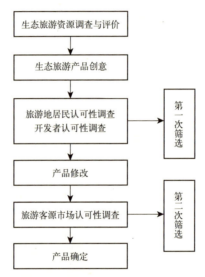

生态旅游产品设计"双筛法"技术路线图

生态旅游产品系统是指在生态旅游区内开发的对生态旅游者具有吸引力的、满足各种旅游需求的吸引物体系，包括景区景点、娱乐设施等有形实体的设置和社区形象、民族文化等无形吸引物的挖掘，以及这些吸引物通过空间组合形成的专项旅游活动。生态旅游产品系统规划应结合规划地的自然地理特征、社会经济特征，还要结合生态旅游者的旅游动机和出游规律，力求供需一致。所以生态旅游规划的中心任务，就是从市场和资源出发，确定景区的发展方向和目标，划分出合理的功能布局，设计出有特色、有竞争力的

产品。这一部分可以通过生态旅游规划总则（包括生态旅游区的规划范围、发展目标、规划年限等）、景区主体形象、总体布局与功能分区、产品体系设计（项目产品、线路设计等）等几个章节的文字和总体规划图、功能分区图、项目图、重点区域规划图、旅游线路图等图件进行表述。

(3) 支持系统规划

支持系统包括配套设施及保障系统，这是保证生态旅游活动进行的基础，同时起着协调生态旅游与环境保护之间关系的作用。生态旅游支持系统规划主要有保护工程规划（含生态资源保护、景观资源保护、生态环境保护、安全工程等），基础设施规划（含交通、能源、通讯、金融、给排水、环境卫生等），服务设施规划（包括餐饮、住宿、医疗、娱乐、购物、解说系统等），组织管理规划（主要有管理体制、组织机构、开发策略和社区参与机制等）以及投入产出分析（包括投资概算和效益分析）等几个章节的文字和基础设施规划图、专项规划图、土地利用结构图及分期建设图等图纸进行说明。

4.2.3 几个标准要求的规划内容

以下是国家已经颁布的与生态旅游规划相关的几种类型的生态旅游区的规划标准：

(1) 2006年颁布的国家标准《自然保护区生态旅游规划技术规程》(GB/T 20416—2006)，由国家林业局提出并归口。该标准要求的内容包括：

- 评价自然保护区生态旅游资源；
- 明确自然保护区开展生态旅游的范围；
- 分析环境容量、游客规模预测；
- 简述自然保护区生态旅游发展方向、思路和应达到的目标；
- 进行生态旅游区的功能区划和建设布局；
- 确定游览线路、旅游项目；
- 规划旅游基础设施、服务设施的建设内容、规模与重点；
- 进行影响评价，提出对主要保护对象和生态环境的保护与控制措施；
- 估算投资、确定资金筹措渠道和方式；
- 规划管理机构与经营管理体制；

- 提出保障措施;
- 进行效益评价。

要求的图件有：位置图、功能区划图、规划布局图。

(2) 1996年原国家林业部颁发的行业标准《森林公园总体设计规划》(LY/T 5132—95)，提出的总体设计说明书编写提纲：

森林公园总体设计说明书编写提纲

章名称	节名称
第一章 基本情况	第一节 自然地理概况 第二节 社会经济情况 第三节 历史沿革 第四节 公园建设与旅游现状
第二章 森林旅游资源与开发建设条件评价	第一节 森林旅游资源评价 第二节 开发建设条件评价
第三章 总体设计依据和原则	第一节 总体设计依据 第二节 总体设计原则
第四章 总体布局	第一节 森林公园性质 第二节 森林公园范围 第三节 总体布局
第五章 环境容量与游客规模	第一节 环境容量 第二节 游客规模
第六章 景点与游览线路设计	第一节 景点设计 第二节 游览线路设计
第七章 植物景观设计	第一节 设计原则 第二节 植物景观设计
第八章 保护工程设计	第一节 设计原则 第二节 生物资源保护 第三节 景观资源保护 第四节 生态环境保护 第五节 安全、卫生工程
第九章 旅游服务设施设计	第一节 餐饮 第二节 住宿 第三节 娱乐 第四节 购物 第五节 医疗 第六节 导游标志

续表

章名称	节名称
第十章 基础设施工程设计	第一节 道路交通设计 第二节 给水工程设计 第三节 排水工程设计 第四节 供电工程设计 第五节 供热工程设计 第六节 通信工程设计 第七节 广播电视工程设计 第八节 燃气工程设计
第十一章 组织管理	第一节 管理体制 第二节 组织机构 第三节 人员编制
第十二章 投资概算与开发建设顺序	第一节 概算依据 第二节 投资概算 第三节 资金筹措 第四节 开发建设顺序
第十三章 效益评价	第一节 经济效益评价 第二节 生态效益评价 第三节 社会效益评价

图件要求：森林公园现状图、森林公园总体布局图、景区景点设计图、单项工程设计图（包括植物景观设计图、保护工程设计图、道路交通设计图、给排水工程设计图、供电工程设计图、供热工程设计图、通信工程设计图、广播电视工程设计图、燃气工程设计图、旅游服务设施工程设计图）以及其他。

功能分区要求：游览区，游乐区，狩猎区，野营区，休憩、疗养区，接待服务区，生态保护区，生产经营区，行政管理区。

(3) 2000年国土资源部发布的《国家地质公园总体规划工作指南》(试行)，要求的总体规划报告编写纲要：

国家地质公园总体规划编写纲要

章名称	节名称
第一章 基本情况	第一节 自然地理概况 第二节 社会经济情况 第三节 历史沿革 第四节 公园建设与旅游现状

续表

章名称	节名称
第二章 地质景观资源开发建设条件评价	第一节 区域地质概况 第二节 区域旅游地学资源 第三节 地质遗迹景观 第四节 地质旅游资源评价 第五节 开发建设条件评价
第三章 总体规划依据和原则	第一节 总体设计依据 第二节 总体设计原则
第四章 总体布局	第一节 地质公园性质 第二节 地质公园范围 第三节 总体布局
第五章 环境容量与游客规模	第一节 环境容量 第二节 游客规模
第六章 地质生产资料教育游览线路规划	第一节 景点规划 第二节 旅游线路规划
第七章 保护工程规划	第一节 地质遗迹景观保护 第二节 其他资源保护 第三节 生态环境保护 第四节 安全、卫生工程
第八章 旅游服务设施规划	第一节 餐饮与住宿 第二节 科普娱乐 第三节 购物（地质工艺品） 第四节 医疗与地学保健 第五节 导游标志
第九章 基础设施工程规划	第一节 道路交通设计 第二节 给水工程设计 第三节 排水工程设计 第四节 供电工程设计 第五节 供热工程设计 第六节 通信广播电视工程设计
第十章 组织管理	第一节 管理体制 第二节 组织机构 第三节 人员编制
第十一章 投资概算与开发建设顺序	第一节 概算依据 第二节 投资概算 第三节 资金筹措 第四节 开发建设顺序
第十二章 效益评价	第一节 经济效益评价 第二节 生态效益评价 第三节 社会效益评价

有关图件要求：区域地质图、区域旅游地质图、区域综合旅游资源分布图、地质公园总体规划图、地质遗迹保护规划图、主要地质旅游景区（点）规划图、地质公园基础建设规划图。

(4) 2010年国家水利部发布的行业标准《水利风景区规划编制导则》(SL 471—2010) 中要求的规划内容：

- 基本情况介绍
- 现状分析与评价
- 规划原则与范围
- 规划水平年与目标
- 规划布局
- 专项规划，主要包括：水资源保护规划、水生态环境保护与修复规划、景观规划、交通与游线组织规划、服务设施规划、配套基础设施规划、土地利用规划、竖向规划、安全保障规划、标识系统与解说规划、水利科技与水文化传播规划、营销与管理规划
- 风景区容量
- 投资估算与效益评价
- 规划环境影响评价

图纸要求：区位分析图、综合现状图、资源评价与现状分析图、总平面图、功能分区图、道路交通规划图、游览组织图、植被景观规划图、服务设施规划图、配套基础设施规划图、竖向规划图、土地利用规划图、分期建设规划图、重要建筑（广场）设施方案图等。

(5) 2010年国家林业局发布的《国家湿地公园总体规划导则》中对湿地公园总体规划编制内容的要求：

国家湿地公园总体规划编制纲要

章名称	节名称
第一章 总则	规划主要内容（摘要）
第二章 基本情况	第一节 自然地理条件 第二节 社会经济条件 第三节 历史沿革 第四节 湿地公园建设与旅游现状

续表

章名称	节名称
第三章　湿地资源	第一节　湿地类型、面积与分布 第二节　湿地生物多样性 第三节　湿地景观与文化资源 第四节　湿地生态系统评价
第四章　湿地公园建设的必要性和可行性	第一节　湿地公园的资源条件 第二节　湿地公园的资源利用条件 第三节　建设湿地公园的管理条件 第四节　湿地公园发展面临的机遇与挑战
第五章　总体布局	第一节　湿地公园范围 第二节　湿地公园性质定位 第三节　规划指导思想 第四节　规划原则 第五节　规划依据 第六节　规划总目标与分期目标 第七节　功能分区 第八节　公园分区建设目标与发展
第六章　保护规划	第一节　规划原则 第二节　水系和水质保护规划 第三节　水岸保护规划 第四节　栖息地（生境）保护规划 第五节　湿地文化保护规划 第六节　保护管理能力建设规划
第七章　恢复规划	第一节　规划原则 第二节　水体修复规划 第三节　栖息地（生境）恢复规划
第八章　科普宣教规划	第一节　科普宣教设施 第二节　解说标志系统
第九章　科研监测规划	第一节　科研规划 第二节　监测规划
第十章　合理利用规划	第一节　规划原则 第二节　资源利用方式 第三节　环境容量及游客容量预测 第四节　客源市场及游客规模分析 第五节　旅游项目规划 第六节　游览线路规划 第七节　旅游设施规划
第十一章　防御灾害规划	第一节　有害生物防治规划 第二节　地质灾害防治规划 第三节　洪涝防治规划 第四节　防火规划 第五节　应急救援安全规划

续表

章名称	节名称
第十二章 区域协调与社区规划	第一节 土地利用协调规划 第二节 社区经济调控原则 第三节 水资源协调规划 第四节 社区协调（共管共建）规划
第十三章 保护管理基础能力建设规划	第一节 保护管理局建设 第二节 保护管理站、点建设 第三节 信息管理建设
第十四章 基础工程规划	第一节 道路交通规划 第二节 电力工程规划 第三节 给排水工程规划 第四节 供热工程规划 第五节 燃气工程规划
第十五章 管理规划	第一节 管理机构规划 第二节 运营规划 第三节 保障措施规划
第十六章 投资估算与效益评析	第一节 估算依据 第二节 投资估算 第三节 效益评析
第十七章 环境影响评价	

主要图件应符合下表规定，此外可根据需要增加其他图件。

图件要求

图纸名称	图纸内容
01 区位分析图	区域关系（在整个生态系统中的战略区位）
02 交通分析图	区域交通基础设施
03 资源现状分布图	区域生态环境类型分布
04 土地现状利用图	湿地公园边界、地理要素、现有湿地类型及其资源分布、现有主要构筑物及基础设施等
05 总体规划布局图	湿地公园边界，分区、景点设施、基础设施、监测设施布设等
06 功能分区图	湿地公园功能分区
07 水系规划图	湿地公园水系位置、面积、水面标高以及主要水力控制设施等，必要时增加水体走向图
08 生态旅游规划图	湿地公园景点设施、旅游服务设施、游线组织等

续表

图纸名称	图纸内容
09 道路交通规划图	湿地公园出入口、机动车道、非机动车道以及停车场等
10 基础设施布局图	湿地公园给排水工程、供电供气工程、邮电通信工程、可再生能源利用工程等
11 防御灾害规划图	湿地公园防灾设施的位置
12 土地利用规划图	湿地公园用地类型（应带用地平衡表）
13 管理设施规划图	湿地公园管理站、点布局
14 分期建设规划图	湿地公园分期建设内容

（6）2000年发布实施的国家标准《风景名胜区规划规范》(GB 50298—1999)，由原建设部提出并归口管理，要求的编制纲要如下：

- 基础资料与现状分析
- 风景资源评价
- 分区、结构与布局
- 容量、人口及生态原则
- 专项规划，包括：保护培育规划、风景游赏规划、典型景观规划、游览设施规划、基础工程规划、居民社会调控规划、经济发展引导规划、土地利用协调规划、分期发展规划

图件要求：现状（包括综合现状图）、景源评价与现状分析图、规划设计总图、地理位置或区域分析、风景游赏规划、旅游设施配套规划、居民社会调控规划、风景保护培育规划、交通道路规划、基础工程规划、土地利用协调规划、近期发展规划等。

5 生态旅游规划案例

5.1 青海省三江源地区生态旅游发展规划（部分章节）

规划框架

篇名称	章名称	节内容
	引论 规划总则	一、规划范围 二、规划期限 三、规划性质 四、规划指导思想 五、规划依据 六、生态旅游界定 七、规划技术路线
第一篇 基础分析	第一章 生态旅游发展背景分析	一、区域自然地理概况 二、区域社会经济背景 三、三江源区位分析 四、生态旅游发展政策背景 五、国内外生态旅游发展态势
	第二章 生态旅游资源评价与市场现状	一、旅游资源类型与丰度 二、旅游资源质量等级 三、旅游资源总体特征与优势定位 四、旅游客源市场现状特征
	第三章 生态旅游发展现状分析	一、生态旅游发展现状特征 二、生态旅游发展问题诊断 三、生态旅游发展SWOT分析 四、三江源地区发展生态旅游的意义
第二篇 战略定位	第四章 生态旅游发展目标与战略	一、总体定位 二、发展目标体系 三、发展指标 四、发展战略模式选择 五、战略步骤安排
	第五章 目标市场定位与预测	一、旅游资源市场影响力分析 二、目标市场定位 三、客源市场规模预测 四、旅游收入分析与预测

续表

篇名称	章名称	节内容
第二篇 战略定位	第六章 生态旅游产品定位与策划	一、现状与问题 二、产品定位 三、总体思路 四、重要生态旅游产品策划 五、辅助生态旅游产品策划
	第七章 生态旅游形象定位与推广	一、形象定位依据 二、理念基础分析 三、旅游主题形象设计 四、旅游宣传口号 五、旅游形象建设 六、生态旅游品牌形象树立与推广
第三篇 景区项目	第八章 生态旅游发展空间布局	一、空间布局背景分析 二、生态旅游功能区划 三、旅游利用空间布局 四、生态旅游景区空间规则 五、精品生态旅游线路策划 六、相邻区域旅游协作
	第九章 生态旅游重点景区项目策划	一、景区发展总体思路 二、二级重点景区项目策划 三、三级重点景区项目发展要点
	第十章 一级重点景区概念性规划	一、年保玉则景区 二、勒巴沟—文成公主庙景区 三、黄河源景区 四、阿尼玛卿景区 五、可可西里生态教育基地 六、达那河谷景区
第四篇 环境保护	第十一章 生态旅游环境与资源保护规划	一、保护规划目标 二、保护规划指导思想与思路 三、主要的保护对象 四、威胁识别 五、保护措施
	第十二章 申报世界遗产行动计划	一、世界遗产概述 二、申报世界遗产的意义 三、三江源地区遗产价值分析 四、三江源地区遗产申报范围 五、申报工作建议

续表

篇名称	章名称	节内容
第四篇 环境保护	第十三章 社区参与生态旅游发展	一、社区参与生态旅游的基础分析 二、社区参与生态旅游的原则与目标 三、社区参与生态旅游的模式 四、社区参与生态旅游的保障机制 五、居民调控和社区建设
第五篇 支持系统	第十四章 目的地营销系统策划	一、营销目标与策略 二、营销技术手段 三、旅游营销方式 四、旅游营销方案 五、旅游营销保障措施
	第十五章 生态旅游产业要素体系规划	一、旅游住宿设施规划 二、旅行社发展规划 三、旅游餐饮发展规划 四、旅游商品开发规划 五、旅游休闲、娱乐设施规划
	第十六章 生态旅游基础设施规划	一、旅游交通规划 二、旅游标志与解说系统规划 三、旅游安全保障系统规划 四、旅游环卫设施规划 五、医疗服务与保障 六、游客中心体系建设规划 七、旅游城镇建设规划 八、其他旅游基础设施规划措施
	第十七章 规划实施的保障措施	一、生态旅游发展的途径选择 二、法律规范与政策支持保证 三、组织与管理保障 四、人力资源保证 五、资金筹措 六、旅游科技支撑 七、旅游风险识别和管理
	第十八章 生态旅游近期行动计划	一、近期发展目标与指标 二、生态旅游景区近期建设 三、生态旅游支持系统近期规划 四、环境保护近期规划 五、生态旅游发展近期扶持措施

5.1.1 规划技术路线

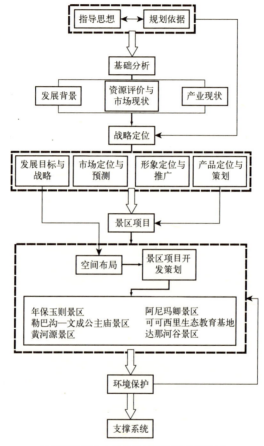

三江源地区生态旅游发展规划技术路线图

5.1.2 生态旅游资源评价

(1) 资源类型与丰度：根据《旅游资源分类、调查与评价（GB/T 18972-2003）》中的旅游资源调查分类体系，三江源地区旅游资源 8 个主类全部具备；31 个亚类中拥有 26 种，155 个基本类型中拥有 65 种，分别占全部旅游资源亚类和基本类型的 83.87% 和 41.94%。

(2) 旅游资源质量等级：该规划中梳理的640处旅游资源单体中，五级旅游资源单体9处，占总数的1.41%；四级为29处，占总数的4.53%；三级的为164处，占总数的25.63%；普通级别的为357处，占总数的55.78%；未参加评价的单体为81处，占总数的12.66%。

(3) 旅游资源总体特征：类型丰富，具有大美的自然生态旅游资源，也有丰富独特的文化生态旅游资源，自然资源与文化资源组合良好；具有明显的旅游资源比较优势，在国内外具有一定的垄断性；数量多、体量大，具备大河流、大湿地、大雪山、大湖泊、大草原的景观特征；具有纯粹的自然性和原生态性；空间分布呈现大分散、小集中和串珠状格局。

(4) 旅游资源优势定位：拥有三条大江大河的源头，如此集中在世界上绝无仅有；地处生态旅游资源具有一定的代表性和典型性的青藏高原腹地；境内拥有多座国内外较高知名度的山脉，众多山口成为国道线上的重要地标；是世界上湿地海拔最高、面积最大和分布最集中的地区，其中扎陵湖和鄂陵湖被列入国际重要湿地名录；可可西里地区是我国大陆上野生保护动物最密集的区域之一；拥有丰富的藏族历史文化和藏传佛教文化旅游资源，民族文化悠久、宗教文化浓厚、历史遗存众多；是唐蕃古道的途经地，具有丰富的文化内涵；具有丰富独特的原生态民族风情旅游资源。

5.1.3 客源市场分析与预测

(1) 市场分析：旅游客流量增长迅速；旅游市场总量明显不足；旅游客流量淡旺季分明；开始受到特殊兴趣旅游者的青睐；目前三江源地区国内市场客源地呈发散状态，基本涵盖了大陆31个省市区，其中青海占绝大多数，比重为40.65%，其次是四川、甘肃、陕西等。三江源地区国内市场主要为省内市场、地缘市场和远程市场三大板块，前两者占63.34%，远程市场则集中在环渤海、长三角和珠三角三大经济发达地区。

(2) 目标市场定位：国内市场为全面启动"饮水思源——中国人游三江源地区"市场，巩固周边省份市场，拓展外围地区市场；主攻环渤海、长三角、珠三角及东中西部较发达的地区。

5.1.4 生态旅游发展问题及 SWOT 分析

(1) 生态旅游发展问题诊断：已有景区开发建设品位低；生态旅游理念认识不到位；基础与服务设施不配套；管理服务水平有待提高；社区参与生态旅游程度低；整体品牌知名度不高。

(2) SWOT 分析

优势：旅游资源优势，各级政府高度重视的政策优势，后发优势，可参照先进经验和前车之鉴。

劣势：区域经济发展水平较低，远离客源市场，旅游可达性差。

机遇：青藏铁路为三江源地区带来了人气和名气，后奥运和世博的东风是绝好的凭借力，玉树—巴塘机场即将通航，国家及青海省重视三江源地区的发展。

挑战：旅游容量较低，生态环境极为脆弱，海拔与旅游气候条件限制较大，周边旅游的竞争，许多潜在游客对高原有畏惧心理。

5.1.5 总体定位与发展目标

(1) 总体定位

规划立足回归自然的旅游时代背景，结合三江源地区的地脉、文脉和旅游资源禀赋，考虑国内外生态旅游发展的态势，将三江源地区生态旅游发展总体定位为融自然生态与人文生态为一体的具有示范意义的江河源型国际级生态旅游目的地。

(2) 建设定位

在三江源地区现有的国家级自然保护区、国家森林公园、国家地质公园、国际重要湿地等保护地类型的基础上，选择合适地域，创造条件申报和建设世界自然与文化双重遗产、世界地质公园、国家人与生物圈保护区、国家生态旅游示范区、国家 5A 级旅游景区、国家公园试点单位。

(3) 总体发展目标

在科学发展观统领下，以保护三江源地区高原生态和藏族人文为前提，通过加强政府引导，推动部门合作，协调多方利益，培育市场主体，促进区域生态旅游产业快速发展，将三江源打造成为国内一流，国际知名的生态旅游品牌，使三江源地区成为集户外特种旅游、江河源生态观光、民族文化体验、

高原休闲健身等多种功能于一身、具有示范性意义的国际级江河源型生态旅游地，实现三江源地区生态旅游的经济效益、生态效益和社会效益相互协调与良性互动，为促进三江源地区旅游经济又好又快发展、实现青海"生态立省"目标作出贡献。

5.1.6 发展战略

（1）总体战略

三江源地区生态旅游的发展采取动态可持续的模式，既要求生态旅游发展不仅要保护当地原有自然生态环境和传承地域文化，而且还要通过生态旅游的开发，调整现有的不良状态，在持续发展中寻求新的、更高的平衡状态。这一战略的要点在于以下8个方面：

- 公开承诺遵循生态旅游原则
- 为游客提供体验自然和文化的机会
- 建设生态可持续的经营实践
- 产品应满足或超过游客的期望
- 不断为当地社区发展作出贡献
- 进行有诚信的生态旅游营销
- 促进自然保护和文化传承

（2）战略措施

- 政府主导与企业运作相结合的利用管理战略
- 点轴式和据点式相配合的空间拓展战略
- 合理取舍与特色鲜明的旅游产品开发战略
- 内外并举与注重整合的区域旅游协作战略

5.1.7 重要生态旅游产品策划

围绕青南高原特有的黄河、长江和澜沧江源头的"三江源"品牌，以唐古拉山脉、昆仑山、巴颜克拉山脉等高山，黄河源头湿地草原等草原湿地、澜沧江源原始森林、可可西里无人区、扎陵湖等湖泊、玉树藏獒、城镇聚落等为资源依托，建立以酒店旅馆与社区家庭相结合的旅游接待体系，集研究教育、体验观光、民俗文化于一身，以区域协调整合、科学利用为手段，产品体系包含"食、行、住、游、购、娱",通过生态旅游达到宣传三江源地区生态保护工作、为管理部门和当地居民及旅游企业带来一定经济收益的综合目的。产品结构见如下产品结构图示和三江源地区生态旅游产品体系。

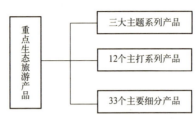

产品结构图示

三江源地区生态旅游产品体系

主题系列	主打系列	重点细分产品系列	层次定位
"三江之源"水源地生态与环境体验	黄河源体验	圣湖怀古游	高
		母亲河源生态探秘游	高中低
		清澈黄河亲水谷地休闲度假游	高中低
	长江源体验	各拉丹冬雪山探秘游	高
		通天河畔休闲漫步游	高中
		楚玛尔河畔巡游	高中
	澜沧江源体验	源头寻踪游	高
		国际河流源区探秘游	高中
		森林峡谷寺庙休闲游	高中
	湖泊水生态观光	年保玉则湖群观赏游	高中
		可可西里探湖游	高
		星星海观光游	高中低
"康巴安多"藏文化原生态体验	歌舞之乡采风	丰收节休闲游	高中低
		玉树采风游	高中低
	马背文化体验	玉树赛马节体验游	高中低
		纵马草原休闲游	高中
	宗教文化探秘	寺庙大观游	高中低
		嘛呢石奇观探秘游	高中低
		格萨尔王传奇游	高中低

续表

主题系列	主打系列	重点细分产品系列	层次定位
"青南高原"人与自然关系体验	生命高原观光	牧人生活体验度假游	高中低
		森林生态度假游	高中
		陆地动物观赏游	高中低
		鸟类动物观赏游	高中低
	珍稀动物生境体验	藏羚羊迁徙观赏游	高中
		野牦牛生存环境体验游	高中
	雪山冰川攀登探险	阿尼玛卿雪山探秘游	高中
		昆仑玉珠峰户外运动游	高中
	青南徒步游	湿地草原徒步游	高中
		高原山地徒步游	高中
		江河之滨徒步游	高中
	青南自驾探险	康巴安多藏区风情游	高中
		雪山览胜游	高中
		草原穿越游	高中

辅助生态旅游产品有：空中俯瞰三江源、藏传佛教生态文化短训班、参拜活佛、传统节日与宗教法事体验、传统藏医药保健服务、工艺品制作DIY体验等。

5.1.8 旅游主题形象设计

在区域理念分析的基础上提出"人间净土，三江之源"的主题形象定位。

人间净土：吸引物指向——原始、粗犷的自然环境和原真、神秘的地域文化。

三江之源：地理区位指向——三条大江大河的源头。

主题形象画面：在"世界屋脊"青藏高原腹地，长江、黄河、澜沧江三条母亲河的源头在此相汇，孕育了高山峡谷、绿原雪峰、湿地沼泽、源头溪流、奇山怪石、江河湖泊、原始森林等神奇壮美的自然风光和藏羚羊、藏野驴、藏牦牛、白唇鹿等特有的生物物种。这里地域辽阔，除少部分河谷低地人口分布较为集中外，绝大部分地区人类活动极少，从而保留了原始、粗犷的自然面貌。这里区位偏远，保持了淳朴的民风、多彩的民俗和虔诚的宗教信仰，是超然世外的人间净土。

5.1.9 生态旅游功能区划

鉴于三江源地区特殊的生态、地理和社会经济情况，规划特别强调保护生态环境和传统民族文化的生态旅游利用战略。因此，总体功能区的各层次区域划分基本上以自然界线为主，兼顾行政区划的完整。空间规则强调约束和弹性相结合，在大多数地区加强约束的控制力，以期达成"保护生态环境和传承民族文化"的规划使命。

首先，以生态系统关联度为指针，从流域的角度，将三江源地区划分为四个功能区，即黄河源生态旅游功能区、长江源生态旅游功能区、澜沧江源生态旅游功能区和可可西里生态旅游功能区。对应大区的四个一级旅游组织中心分别是马沁（大武镇）、玉树（结古镇）囊谦的香达镇和109国道上的索南达杰自然保护站。其次，根据资源特色、交通区位等，功能区下划分为12个亚区，并有相应的二级旅游组织中心。最后，根据景观特性、发展方向和利用条件等，亚区下划分为若干景区，其中重点景区为38处。

5.1.10 精品生态旅游线路策划

在遵循舒适、安全、多样的原则下，重点抓好水源涵养、高寒植被演化、高原珍稀动物保护、高原城镇、民族文化生态和生态系统维护等范畴的科学研究，开发相应的生态旅游线路。重点打造8条精品生态旅游线路：黄河源科考线路、长江源科考线路、澜沧江源科考线路、可可西里科考线路、藏传佛教文化旅游线路、江河源生态系统考察线路、高原森林生态旅游线路和格萨尔文化生态旅游线路。

5.1.11 生态旅游环境与资源保护规划

（1）保护规划的目标：确定合理的自然资源利用方式；选择合适的生态旅游保护方式；改变传统的生机方式；维持原始的生态环境。

(2) 分区保护措施：将重要的动物栖息地，以及传统文化保护区、胜迹和零碎分布的物种圈定在一定区域内。同时，危险区域也必须优先采取预防或隔离措施，综合确定区域的等级，从而采取不同的保护措施。

(3) 自然资源保护：对生物资源、水资源、湿地以及地质资源景观采取不同的保护措施，同时对外来物种采取有效的管理措施，对景观实施保护与控制。

(4) 文化资源保护：对历史建筑物、寺院寺庙、非物质文化遗产、历史文化博物馆等采取相应的措施进行保护。

(5) 加强环境管理工作；实行容量控制；加强对生态旅游者活动的管理；加强旅游从业者的培训教育。

5.1.12 社区参与

(1) 社区参与生态旅游的模式：社区参与要参与到生态旅游的决策咨询、具体思路咨询、旅游发展引发的问题咨询；要在保护区和地方政府的共同管理和监督下，形成政府、保护区、社区、开发商、旅游和规划专家等共同参与的"利益共同体"；要形成多元化的生态补偿机制，鼓励引导社区居民直接或间接旅游就业，激励旅游企业雇佣社区居民，通过固定资产折股确保居民获益。

(2) 社区参与生态旅游的保障机制：教育与培训机制，制度与组织保障，财政保障机制，法律保障机制。

(3) 居民调控：鼓励核心景区内居民点人口外迁，由山上向山下迁移，农村向城镇迁移；控制居民点人口，政府有计划的对当地居民进行环境保护和就业培训，鼓励当地人参与遗产地保护管理和到旅游服务企业就业；风景区的居民点要求保持现有宅基地面积不再扩大，分区控制住宅的高度、形式、风格、体量、建材、色彩，尽可能保持民居特色，与风景区自然环境相协调，以风景区旅游业的发展促进居民点农业、副业、农副产品以及旅游产品加工工业及相关第三产业的发展，提高居民生活水平。对景区内居民点分搬迁型、萎缩型、控制型和聚居型，分别采取不同措施进行调整。

(4) 社区建设：主要有城镇依托型、景区带动型、特色村寨型、历史文化型和生态移民型 5 种类型。应注意将社区建设与社会主义新农村建设和整村推进等扶贫项目相结合；增设建筑应先申请，审批后再实施，并与周边景观协调，严禁占用公路两旁的位置修筑各类房屋设施；区内每一项服务设施或经营设施的建立都应符合统一的规定，领取相关部门的资格证书或许可证，并定期接受监督与检查；生态旅游协调委员会开展服务工作应符合规定的资格证书或工作卡，服务人员有环保知识和意识以及高度的责任感，成为正规和人们可信赖的服务点；扶持指导建设若干处农业旅游或社区旅游示范点。

5.2 普达措国家公园生态旅游规划

5.2.1 资源分析与评价

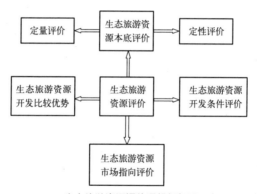

生态旅游资源评价逻辑框架图

(1) 资源环境质量分析与评价

湿地分布海拔高，密度大，类型多样，生态结构组成完整；水体环境质量优越。

(2) 生物多样性分析与评价

普达措国家公园融高原冰渍湖泊、沼泽化草甸、寒温性五花草甸和原始亚高山寒温性针叶林等植被于一体，成为中国生物多样性最丰富的地区之一，主要有丰富度高、特有物种多的特性。同时也造就了生态系统多样性、景观

多样性和遗传多样性的特点。

(3) 文化资源特征分析与评价

滇西北横断山区民族的多样性和民族社会发育的层次性，形成了其民族社会文化的多样性。藏传佛教的宗教信仰形成朴素的环境观，发展成为该地区独特的对自然生物多样性和整个环境实施保护的生态观。同时，藏民族通过长期的实践，积累了丰富的利用当地动植物及生态系统的技能、知识和经验，其中藏药是最具代表性的一个方面。

(4) 生态旅游资源分析与评价

①资源本底评价

自然资源：普达措国家公园是中国十分罕见的高原湿地富集区，多样的湿地类型聚集，具有很高的景观价值。大量湿地孕育了大量珍稀动植物，具有丰富的生物多样性和景观价值。

人文资源：以藏族为代表的少数民族在滇西北地区形成了其独特的传统文化，各种少数民族节日、婚丧习俗等成为传统文化中的亮点，尤其是藏传佛教在传统文化中的重要地位，更为藏族传统文化增添了神秘色彩。

自然资源和人文资源在充分展示其各自独特性的同时紧密结合，赋予了自然资源以人文色彩和人格特征，成为雪域高原、香格里拉风光的集中体现。

②生态旅游资源开发条件评价：普达措国家公园集合了类型各异的地质地貌形态和丰富多样的生物景观，其静态资源空间上错落有致，分布密度大，动态资源与静态资源在时空上形成了良好的系统结构。旅游资源和旅游产品具有强烈的同构性，旅游产品开发投入小。公园开发较早，交通便捷，地势起伏小，有利于旅游组织和区域旅游合作。

5.2.2 目标市场定位

普达措国家公园应积极引导海外和国际专业生态旅游市场，培育国内大众生态旅游市场，包括培养生态旅游者、生态旅游开发商、生态旅游经营者以及调动社区居民积极参与到生态旅游活动中来。

根据市场调查的数据，结合普达措国家公园的区位条件和旅游市场的空间距离综合考虑目标市场的定位。

普达措国家公园国内、国际客源市场定位

客源市场		国内	国际
一级市场	大众生态旅游市场	以云南省、四川省、重庆市、长江三角洲、珠江三角洲等地区经济发达省份为主。其中，省内市场以昆明、玉溪、楚雄为主，省外市场以重庆、成都、北京、上海、广东等地为主	日本、韩国、东南亚等国家和地区
	专业生态旅游市场	长江三角洲、珠江三角洲、京津地区的专业生态旅游市场	主要以美国、德国、法国等为主的欧美发达国家和地区
	生态休闲市场	港澳台、珠江三角洲的高端市场	以美国、德国、法国等为主的欧美发达国家和地区
二级市场	大众生态旅游市场	港澳台、贵州、广西及华中、华北、东北地区省份，其中以贵阳、南宁、武汉、长沙等为主	俄罗斯、西亚各国等近距离境外市场为主
	专业生态旅游市场	华中、华北、东北其他地区旅游市场	大洋洲、中欧、东欧等国家和地区
	生态休闲市场	云南省、四川省、重庆市以及长江三角洲、京津地区省市的高端市场	澳大利亚、东南亚各国
三级市场	大众生态旅游市场	国内其他地区	其他发展中国家和地区
	专业生态旅游市场	国内中等城市游客市场	墨西哥、南美各国、北欧各国等为主的世界其他国家和地区
	生态休闲市场	国内其他省区的高端市场	世界其他国家和地区

5.2.3 旅游市场的 SWOT 分析

（1）优势：理念优势、资源优势、客源优势、品牌优势

国家公园的开发和运营模式是目前世界上解决保护与发展矛盾的最好方式之一，普达措国家公园的建设能为我国资源保护和开发的问题与国际先进理念接轨。公园的资源十分丰富，不仅拥有多种景观，还包括了大量的野生动植物资源，同时在美丽的大自然中还融入了神秘的宗教民族文化，将人与自然的融合达到极致。普达措公园目前已经形成了一定的客源市场，同时云南省及迪庆藏族自治州旅游业的快速发展也保证了公园的客源量。香格里拉品牌已经在国内外拥有很高的知名度，这将为普达措公园游憩市场的进一步拓展奠定更坚实的基础。

（2）劣势：生态环境脆弱、交通"瓶颈"现象严重、景区管理工作人员水平不高、社区居民参与度不高、基础设施不完善。

普达措公园地处高海拔地区，自然生态环境极为脆弱，而丰富的民族文化也非常容易受到外来文化的侵蚀，因此旅游开发中稍有不慎，就会破坏当地丰富的资源。景区旅游交通状况较差，没有形成完全游路，使除背包客外的众多大众旅游者无法体验到完整的景区风貌。在游客感受度降低的同时，影响了景区的质量。目前景区管理、工作人员多为大专学历，受教育程度较高，但由于在管理方面的精力投入不足，使得管理、工作效率比较低。同时景区内居民基本上是初中文化水平，加之缺乏相应的培训，大多数居民缺乏相应的参与意识和技术性参与能力，只能向游客提供简单的服务。景区内接待设施简陋，卫生条件差，破坏了景区的环境。

(3) 机遇：生态旅游成为时尚、云南省旅游发展的新战略、云南省政府高度重视国家公园管理和经营模式的引进、国家和云南省政策的支持。

(4) 挑战：保护与发展矛盾突出、周边景区的竞争、国家公园管理与经营模式的执行。

5.2.4 旅游市场预测

根据公园开发策略和营销计划，参考九寨沟的发展规律及有关部门对全省游客量的发展预测，采用基数增长率法，对规划期内普达措国家公园游憩规模和经济收入进行预测，其模型为：

$$M = M_d (1+R)^n$$

M 为预测游客量，M_d 为上年基数，R 为年增长率，n 为测算年限。

由于目前普达措国家公园外部道路施工的影响，游览系统尚不完善，对市场的吸引力不够，游客量受到了较大的影响，加上 2006 年是公园的建设期，所以在 2005 年游客（1～10 月份游客量为 36.39 万人次）的基础上，参考香格里拉县旅游人数及迪庆藏族自治州当年的游客人数，预测 2006 年公园的游客量达到 46.40 万人次。2007 年，公园的基础设施和游览体系基本完成，预测游客最高将达到 57.98 万人次。到 2008 年，公园全面投入运营，加上系统的旅游营销活动，游客量将有大幅的增长，预计将达到 76.45 万人次。2011～2015 年，公园将处于稳步发展阶段，游客量的增长会逐步趋于平缓，甚至在远期出现负增长。2015 年游客量预计为 233.47 万人次，旅游总收入为 7.78 亿元。实际上，公园从 2006 年 8 月 1 日开始试营业，经营的主要是大众生态旅游产品,门票190元/人,截至2007年6月中旬,接待游客60余万人次,旅游收入4870万元,比去年同期增长600%,突破了预测值的上限,增加了保护管理的难度。

5.2.5 战略分析与战略思想

普达措国家公园战略分析

挑　战	策　略
经济困难	扶贫、脱贫
生态环境脆弱	强化分区管理和保护
大众旅游模式带来的压力	实施生态旅游
社区发展的需要 (生活方式和环境利用方式的转变)	社区参与和社区效益的提高
能力建设的要求 (管理者和社区居民)	法制条件下的多方合作与能力建设

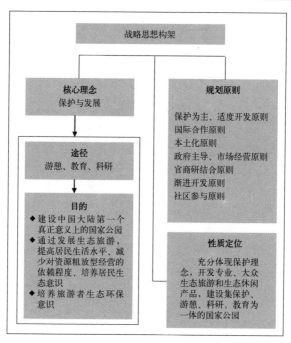

普达措国家公园战略思想构架

5.2.6 战略目标

在普达措国家公园的建设和发展过程中,通过各方的共同努力,将其建设成为云南省乃至中国的国家公园示范区,为云南省乃至中国国家公园建设积累经验,成为迪庆藏族自治州和大香格里拉区域内的核心旅游区,提升迪庆藏族自治州旅游的竞争力;成为滇西北国家公园体系的重要组成部分,促进迪庆藏族自治州环境保护、经济、社会、文化的全面发展。

5.2.7 功能分区规划

功能分区

类型		范围	面积/km²	功能
特别保护区		碧塔海省级保护区核心区内部分云杉和冷杉林区	60	属于严格控制区域,禁止游人进入,禁止设施建设,科研人员经申请核准后可以进入
自然生境区	野生生物区	碧塔海、属都湖湖面及面山地带、吉利谷	78.5	在保护基础上允许游人进入,可以慎重考虑建设极少量必要的设施
	荒野区	除特殊保护区、户外游憩区、文化保存区、公园服务区和自然生境区中的野生生物区之外的区域	158.6	专业生态旅游用地,允许少量游人进入,除少量基础游憩设施外,禁止大规模开发
户外游憩区		"8"字形大众生态旅游区	0.57	大众生态旅游用地,在环境评估的基础上,可以适当建设观景点、停车场、休息点、游览观景栈道等
文化保存区		洛茸村及居民生活、生产区域	3.3	保存藏族特有的文化及其遗存物,严格控制建筑、景观风格和生活、生产环境
国家公园服务区		双桥门景区、属都湖入口、弥里塘服务中心	0.034	环境影响微弱地区,适宜集中建设旅游接待设施,游客活动集中区
引导控制区		红坡村—双桥沿线	90.7	入口景观控制区,中期可开发成遗产廊道

5.2.8 社区发展规划

社区在发展中存在的主要问题:对生态旅游的认识层次较低;大部分居民在旅游接待过程中急功近利,大多数居民不会讲汉语,受教育程度低,与游客交流困难;家庭卫生条件有待改善;文化传承后继无人,儿童辍学从事旅游服务；社区内基础设施不足，缺乏必要的发展资金、人员和设备。

随着国家公园生态旅游的开展，该片区生态旅游发展所涉及的各相关利益群体所产生的合力将决定社区未来发展方向，主要包括游客、旅游经营、投资商（包括社区生态旅游经营商）、社区居民、政府和社会机构。

社区发展对策：(1) 拓宽融资渠道，建立社区旅游发展资金；(2) 调整产业结构，实现社区经济、生活水平全面发展；(3) 启动社区旅游服务能力建设项目，提升社区居民参与能力；(4) 通过国家公园建设，促进民族地区文化多样性保护和文化传承。

社区居民参与旅游开发主要体现在以下3个方面：参与旅游开发决策；参与旅游发展带来的利益分配；参与有关培训，提高整体社区居民的素质。结合普达措国家公园的实际情况，制定社区居民参与的机制：政府主导，联合企业，引进第三方，在村委会的基础上成立社区发展委员会统筹安排参与旅游发展。并且实行社区参与经营，初期采用保护性参与经营模式，或是在政府的引导下，由社区居民集资建立旅游服务公司，由社区发展委员会统筹安排进行旅游服务接待；在中远期，采取与外来企业联合经营的模式。

5.2.9 社区利益分配及发展保障机制

普达措国家公园采取的利益分配机制为：享受一定比例的门票收入分配权利；以资源、劳务入股享受分红；以劳动、服务合同为纽带参与利益分配。

保障机制有：建立健全法律、法规；村民集资建立风险基金；明确利益主体责、权、利。

5.2.10 社区培训

让当地居民清楚地看到旅游业的发展将会提高他们的生活水平、拓宽他们的眼界以及更加有效地传承他们的民族文化。同时，也要他们做好应对旅游业发展可能带来一些负面影响的心理准备。培训时针对各个方面的旅游从业人员有针对性地进行从业技能培训，包括观念上的和技能上的，主要包括：商品经济意识、导游技能、餐饮服务技能、客房服务技能、种植技能和语言能力等。旅游接待培训是一个长期的工作，旅游接待培训的方式要灵活，应

尽量采取村寨居民通俗易懂、喜闻乐见的方式方法。

5.2.11 生物多样性保护对策

在综合评估基础设施和服务设施建设对生物多样性的影响的基础上，提出相应的保护对策。

(1) 植被保护对策：施工过程中，应该在林业局或管理局技术人员的指导下，对项目区的珍稀特有植物进行挂牌标记，让施工人员明确知道哪些是应该特别加以保护的，或进行合理的移栽措施，实施迁地保护，需要挖取植物时尽量减少对根系的损伤。另外在人员活动较多和相对较集中的区域设置环境保护方面的警示牌，提醒人们保护自然。

(2) 动物保护对策：修建项目对兽类、鸟类造成的影响不大，对两栖类和鱼类的影响较大。在施工过程中应尽量减少放炮，坚持"先防护后施工"的原则，禁止猎杀任何动物，杜绝对水体的污染，保证动物的栖息地不受或少受影响。对建设项目经过溪流的地方要顺溪流设置小型桥梁和涵洞，确保两栖类和爬行类动物的迁移畅通。

(3) 景观及生态系统的保护对策：施工期间开挖和废弃的土石方很多，会对区域环境造成负面影响，很大程度破坏原有景观的整体性。因此要加强后期的管护工作，对于当地植被的恢复以自然恢复为主。另外，观景栈道的修建也会造成景观的破碎，所以建设时要考虑其对环境以及生态系统的影响，宜修建悬空木质栈道，以保证游憩设施与整体景观效果的相协调。针对每年9月至来年4月，游牧民放牧对保护区周边生态系统造成破坏的情况，应加大周边社区的畜牧业技术和资金当地投入，提倡应用牧业养殖新技术，让当地藏民转变传统的放牧方式，减轻草甸、沼泽的载畜压力，真正使湿地生态系统得到有效保护。就每年7、8月份，远近牧民进入公园无科学过度采集松茸的现象，管理部门应根据情况划定松茸种源保护地，制定相应的保护条例，与周边的社区建立松茸共管机制，实行轮歇采集制，切实保证松茸资源的持续利用。

(4) 社区保护对策：对社区的保护，以保护其原有生产生活方式、原有的风俗习惯以及传统的民族文化为核心。在社区参与旅游活动的同时，应对其进行相关技能、知识的培训以及通过教育增强他们的民族自豪感和自尊心，促进社区居民对本民族文化的了解和理解,使社区传统文化在与外来文化的交流过程中处于平等的地位。另外,国家公园社区共管项目的实施,可以缓解社区居民对自然资源的依赖,并促进社区对湿地生态环境的保护。

5.2.12 环境保护规划

(1) 保护对象

- 以碧塔海为核心的高原内陆断陷湖泊、湖滨沼泽化草甸湿地生态系统、水生植物群落及其水生生物多样性特征
- 以中甸叶须鱼、格咱叶须鱼和油麦吊云杉、松茸为代表的滇西北高山、亚高山珍稀濒危特有动植物种类及其生境
- 以国家重点保护的黑颈鹤、中华秋沙鸭为代表的珍稀越冬水禽和迁飞过境停歇候鸟及其栖息地
- 滇西北纵向岭谷区典型的和具有代表性的高山、亚高山寒温性生物地理景观及其丰富的自然资源与脆弱的高寒森林生态系统
- 以油麦吊云杉和中甸冷杉为标志的原始的亚高山寒温性针叶林及其森林生物多样性特征

(2) 环境保护区划

根据保护原则和保护对象,结合公园建设现状,采用三级保护区划。

普达措国家公园保护区划

保护类型	范围	比重(%)	功能
一级保护区	原来保护区的核心区和缓冲区,属都湖及其面山的大面积云杉、冷杉林,吉利谷	70	突出的反映保护目的,并且包括其保护对象长期生存所必需的所有资源的区域,重点要保护完整的、有代表性的生态系统及其相应的完整生态过程,禁止人类对自然的干扰和破坏活动
二级保护区	除去一级和三级保护区之外的部分	20	减少外围人为活动对一级保护区的干扰,可以从事科研、参观、考察等活动和符合环保要求的必要的建设项目,但资源的开发利用和经济的发展不得超过生态环境的承载能力
三级保护区	景观游憩区	10	保护自然的原始环境不受污染,可修公路、旅游设施齐全,在交通上只允许行人和非机动车辆出入

普达措国家公园分区保护措施

分类/分区		保护对象	保护难点	保护措施
特别保护区		碧塔海省级保护区的云杉和冷杉林区	生态结构脆弱,轻度的干扰即可导致该环境的破坏; 易发生自然灾害; 范围大,缺乏管理	禁止开展游憩活动,严格控制游人进入,禁止游憩设施建设; 在一些必要地点建立监测点,对保护区里的各个生态系统和环境进行监测,及时掌握生态环境的第一手资料
自然生境区	野生生物区	碧塔海、属都湖及面山	游客数量大,对环境和野生动物的干扰大; 易被忽视,保护意识不强	对修建点的建设尽量减少; 对游客进行提前培训和教育,增加他们的保护意识; 建立游憩环境评价指标体系
	荒野区	其他区域	生态结构脆弱,大量游人的干扰可导致该环境的破坏; 过度放牧; 范围大,缺乏管理	让当地居民参与保护,人们意识到只有保护好当地的环境和生态系统才能从中得到更多的利益; 严格控制大量游人的进入,除必要的建设外,控制游憩设施的建设; 重视对植被类型及水土流失的监测
景观游憩区		河流型湿地及高山柳生态系统,藏族生活、生产方式,藏式建筑	游客数量大,对环境的干扰大; 设施较多,对环境破坏大; 易被忽视,保护意识不强	对修建点的建设尽量减少; 加强设施建设的管理,尽量降低对生态系统的破坏; 对游客进行提前培训和教育,增加他们的防火和保护意识; 建立游憩环境评价指标体系,通过对环境定期监测得来的资料进行及时有效的保护措施
国家公园服务区		服务区内植被、水体	游客数量大,对环境的干扰大; 设施较多,对环境破坏大; 人为主观改造意识强,对环境产生很大破坏	各项建设要做生物多样性影响评估和环境影响评价; 大体量的设施建设要做生态恢复; 服务区内要建有垃圾、污水的收集系统,以便处理或运出; 对污染较严重的和对环境有危害的一些旅游商品应禁止出售
引导控制区		藏族生活、生产方式,藏式建筑	非管理权限内,难以控制; 居民和当地经营者的短视行为	加强环境宣传,培养当地居民的生态意识; 联合城建部门,控制区域内建筑风格; 建立补偿机制,引导居民行为

5.2.13 生态旅游功能分区

以土地利用比例为基础,将普达措国家公园生态旅游开发格局分为7个区域。

点状结构：以观景点、停车场、旅游设施点、休息点、管理站等构成。
线状结构：以防火道、游览观景栈道、公路、生态小道等构成。
片状结构：以门景区、综合服务区和会议度假区等构成。

整个区域内大众生态旅游带中穿插有专业生态旅游线，专业生态旅游带中原则上不规划大众生态旅游线路。

生态旅游区及其功能

区域名称		功能
"8"字形大众生态旅游带	碧塔海线	大众生态观光、生态体验、科学考察
	弥里塘线	大众生态观光、生态文化体验、科普教育
属都湖生态休闲度假旅游区		度假、生态观光
洛茸村大众生态旅游区		藏文化体验、大众生态观光旅游
属都湖—地基塘专业生态旅游区		户外运动、软式探险、徒步穿越、科学考察等
吉利谷徒步旅游带、碧塔海南线自驾车旅游带		观鸟、徒步穿越、自驾车旅游、科学考察
红坡村引导控制区		引导控制
尼汝河片区	自驾车旅游线路	自驾车生态旅游线路
	生态徒步小道	徒步、探险

5.2.14 生态旅游产品规划

依据普达措国家公园旅游资源的特征和公园的规划理念，将其旅游产品定性为：以生态旅游和文化旅游产品为主，度假为辅的旅游产品，构成普达措国家公园的四大产品体系。

旅游产品体系

产品体系		主要产品类型	线路、景点	实现模式	建设时序
生态旅游产品	大众生态旅游产品	大众生态观光	属都湖、弥里塘、碧塔海	空间上通过"8"字形，内涵上通过良好的动态和静态解说系统，方式上通过观景系统来完成	近期
	专业生态旅游产品	徒步、户外运动	吉利谷、属都岗、地基塘、普朗瀑布、鲁杰品科、哪豁波	通过合理的线路组织来完成	近期

续表

产品体系		主要产品类型	线路、景点	实现模式	建设时序
生态旅游产品	专业生态旅游产品	自驾车	碧塔海南线、尼汝河上游线路	通过标识系统和线路来完成	近期
		科学考察、环境监测	湿地系统、植被系统、属都湖裂腹鱼、碧塔海重唇鱼	空间上由科考点、科考线来构成	近中远期
		观鸟旅游	高原湿地观鸟（黑颈鹤）	吉利谷湿地	中远期
文化体验旅游产品		村寨旅游	洛茸村、四村	藏民族民居民俗体验地、遗产廊道	近期
生态休闲旅游产品		休闲度假	属都湖入口、吉利谷	通过营造良好的自然环境和服务环境来实现	近中远期
		主题度假	乐孜坪	通过特许经营来完成	中远期

5.2.15 标识牌系统规划

（1）解说性标识系统：设置于地理地貌特殊、动植物资源丰富的地点，由专业人员编写解说词，内容包括碧塔海、属都湖形成过程，周边植被演替过程，动物衍生过程等。

国家公园宣传栏：对国家公园内各项旅游活动进行介绍解说，使游客在进入国家公园前对游览区域和有关游憩项目有初步的了解。要求：说明台应采用图文并茂，中、英、藏3种文字结合；可采用喷绘或者石刻，白底黑字彩色图片，高度应在1m，前方有0.5m落脚墙。

资源解说牌：对自然资源，如地质地貌、植物、动物等进行解说。要求：解说牌简明扼要，说明形成机理或生长环境的字体要醒目大方；可采用PVC半阴文雕刻。

（2）指示性标识系统：在国家公园入口、环保车站、道路交叉口、较长路段的中段设置指示性标牌。

入口标识：提醒人们已经进入国家公园。要求：选用大字体，中、英、藏3种文字撰写；可选用当地特色材料，用醒目颜色涂写字体。

道路指示标识：用于让游客了解自己所在的位置、距离观景设施以及服务设施地点的路程。要求：地图位置标识准确，不同区域用不同颜色，并注说明，各景点附简介，标明服务区、厕所、氧吧、医疗点等位置；字体大、中、英、藏3种文字结合；可选用喷绘或者木刻，修建标识牌要具有藏式风格。

道路引领标识：引领游客辨别方位。要求：公路标识大而醒目，栈道、生态小道标识应与自然形成一体，但字体要醒目，标识上注明距离、方向；可选用金属材质，蓝底白字有荧光；栈道遗迹、生态小道标识字体醒目。

(3) 管理及警示性标识：在环保车站、人行木栈道、生态小道沿线设置管理及警示性标识牌。

警示性标识：设立于危险地点，以保证游人安全。要求：标牌要醒目，设置在危险可能发生的地段；警示标志和防护设施要同时设置；红底、白字，字体选用正楷或宋体。

明示标识：向游客说明国家公园管理制度、相关法规、处罚要求。要求：建立在门景的显著位置；醒目，可与趣味地图连建。重点说明，以变色字表示。

限制标识：设立在严禁进入的保护区范围。要求：标牌醒目，并注明进入后后果；黄底，红字，以突出说明。

5.2.16 商业机会

商业机会是指一个经营实体所具有的拓展的商业发展空间。作为主体旅游产品的一种有益补充，它能够起到丰富主体产品，提升旅游目的地形象的作用。

(1) 直接投资项目。主要指由国家公园管理局直接负责投资、管理和运营的项目。此类项目的特点是：①与国家公园的规范管理相关性较高，只有在宏观规划、详细论证的基础上才能实施。如氧吧、公用电话、汽车旅馆、户外用品专卖店、小型购物店、广告管理（标识牌、候车厅、景区交通地图广告、大巴车身广告、独立式公益广告、独立式商业广告）、户外运动中心、野外露营区、会议度假酒店等。这些项目从最初的选址、建设规模、建设样式都必须在国家公园管理局的直接控制下进行，唯此才能保证不破坏国家公园的完整性和统一性，更为重要的是只有通过这种一定程度的集中控制，才能保证国家公园良好的生态环境系统。②与国家公园的经营有着直接的利益关系。如门票、餐饮、购物中心等。这些项目是国家公园的主要经济来源，必须隶属于国家公园管理局的直接控制和监管。

直接投资项目要求在国家公园管理机构中，设置专门的国家公园核心资产的管理机构,专门负责资金的流向和使用状况,并定期向上级部门直接汇报,保证这些主体项目的顺利运作。

(2) 间接投资项目。主要指非完全由国家公园管理机构来投资建设的项目,可采用社会融资合资、委托经营权等方式来进行管理和建设的项目。该类项目实施的前提条件是尽管采用合资或者是委托代理等方式,但是国家公园管理机构并不是完全放弃监管职责,必须在国家公园的监控下运营。此类项目的特点是与国家公园的经济收入有着间接的关联,固定投资较大,需要具有一定专业经验来进行管理。所以为了规避管理成本和管理风险,对于这类项目可以采取委托管理的方式来进行。这类项目有道路设施、停车场、游客中心、园内旅游穿梭大巴等项目。

(3) 社区投资项目。与前两类项目最大的不同之处在于该类项目要求国家公园管理机构必须转变投资方式,采用资金引导和政策扶持的方式来进行。由于国家公园涉及的地域范围广,受影响的社区较多。国家公园的规划建设,从一定程度上对当地社区居民的生活和生产都会产生影响。针对这种情况,该类项目建设的目的就在于能够调动社区的积极性,在国家公园的统一规划下,给予这些社区平等发展的机会,使受影响群体真正成为受益者。针对普达措国家公园的实际情况,设计了洛茸村家庭旅馆及民俗事项的传承和展览项目。家庭旅馆主要是通过向社区扶持贷款或者提供低息贷款等方式,扶持有条件的村民在公园内自己家中改造一定的基本生活设施,以达到国家公园统一制定的旅游接待标准。民俗手工艺传承是指由公园批出专项资金对于该社区中传统的手工技艺,如手工业制品的制作与传承进行扶持,以及对一些传统的民俗活动如敬神祭祀等仪式活动的传承等。

(4) 国家资金项目。主要是指一些大型的需要一定的科研技术扶持的科研型项目。该项目的重点在于必须充分挖掘国家公园的科研价值,通过吸纳国际和国内的科研机构的科研基金到国家公园内进行科研、考察等。这类项目的投资主体是国际和国内的科研机构,国家公园管理机构主要负责前期的引导和项目进行期的配合与宣传工作。这类项目的实施能够从一定程度上提升国家公园的知名度和品牌形象。结合普达措国家公园的实际情况,这类项目主要有针对碧塔海重唇鱼的科研项目,以及针对公园内和周边社区的社区发展能力及发展方式的项目等。

6 生态设计

生态设计体现的是"因地制宜",即将旅游设施纳入整个生态系统中,遵循生态学的原理,要求旅游设施和交通系统与整个自然环境相得益彰,而且对生态破坏最小。

6.1 生态设计的概念

任何与生态过程相协调,尽量使其对环境的破坏影响达到最小的设计形式都称为生态设计,这种协调意味着设计尊重物种多样性,减少对资源的剥夺,保持营养和水循环,维持植物生境和动物栖息地的质量,以有助于改善人居环境及生态系统的健康。

在生态旅游中应用生态设计模式体现了一种新的美学观和价值观,这里包含了一种人与自然的真正的合作与友爱关系。生态设计不仅是一个过程,更是一种伦理,它是生态旅游能够迈向可持续发展的保障。

6.2 生态设计的原理

6.2.1 地方性

指设计应基于所在的地方,要对地方的自然进行深刻的了解。这一原理可以从以下三个方面来理解:一是尊重传统文化和乡土知识;二是适应场所自然过程;三是当地材料,不仅是因为使用乡土物种的管理和维护成本最少,还因为保护和利用地带性物种是我们的责任。

6.2.2 保护与节约自然资本

(1) 保护自然资本,要实现人类生存环境的可持续,必须对自然资源加以保护和节约使用。主要体现在:保护不可再生资源;尽可能地减少包括能源、土地、水、生物资源的使用,提高使用效率;避免将废物转化为污染物,而是将其变成资源,取代对原始自然材料的需求。

(2) 生态设计策略：让自然做功；向自然学习、以自然为背景；整体性；功能多样化；使用适用技术，不过分追求高科技；提供多条解决途径；把储藏物体的管理（包括资源、能源和废弃物管理）作为关键因素来对待；可持续性优先。

(3) 生态计量方法：运用生命周期分析和能流、物流的跟踪方法考虑所有使用东西的生态费用，通过关注维护我们居住和工作环境所必需的能流和物流，对维持我们生活的系统更加敏感和关注。

6.2.3 自然做功

自然提供给人类的服务是全方位的，让自然做功就是强调人与自然过程的共生和合作关系，因而减少设计的生态影响。着重体现在以下几个方面：自然界没有废物；自然的自组织和能动性；边缘效应；生物多样性。

6.2.4 保持和体现自然

生态旅游景区的设计必须保持自然的原貌，用以维持这个世界上少得可怜的自然风貌，让游客能够真正的体验自然，通过自然景观所体现的生态语言向游客讲述自然界的起起落落，使游人能够找到回归自然的本能感觉。

6.3 生态旅游产品的设计

对于生态旅游者而言，他们不仅要求身心可以得到放松，而且强调对自然的回顾，因此，在开展生态旅游过程中，应充分利用旅游自身资源，减少人为干扰，以满足游客接近自然的愿望。在生态旅游规划中，基础设施的设计在这方面影响很大。

6.3.1 生态建筑

生态建筑的根本意图是想最大限度地降低对环境的破坏，主要表现在：建筑物要尽量少用人工取暖和制冷，应直接利用太阳能实现自然的温控方式；材料选择要把对环境的破坏降到最低程度，应多在建筑选址附近寻找再生性的有机资源和丰富的矿产资源；学习当地传统建筑、采用当地材料，保证建筑与环境和谐统一。建筑对环境不可能不产生影响，最佳的解决办法就是将尖端和简单的技术相结合。

6.3.2 交通、商品和能源

（1）生态交通。在旅游区内使用太阳能或电能等清洁能源的交通工具，或游客以步代车，以减少由内燃机引起的废气和噪声污染等。

（2）生态旅游商品。生态旅游商品的开发一定不能导致对濒危物种和动物的掠杀，限制购买具有较高地方文化价值的商品。在生态环境比较脆弱的地方，要满足于现有资源的利用水平，满足现有的工业水平。

（3）能源。通过利用太阳发热、风力发电、生物燃料等，不仅减少了污染，还节约了能源，在生态旅游区很值得提倡。

6.4 澳大利亚丝橡树山庄生态居所

丝橡树山庄位于澳大利亚昆士兰凯恩斯北部的摩斯曼河畔，占地31公顷，毗邻登特利国家公园。山庄拥有50座生态小屋、一个中心休息室和就餐区、一家解说中心、一个游泳池和花园区，还有温泉场。建筑多为木质结构，其规划设计极好地体现了人与自然的亲近和对自然的保护。

住宿区和设施内外都要加以美化，修建了木栈道，种植了热带植物。停车场、车道、入口的公路都是封闭的，且在码头上修筑了防侵蚀的矮墙。那里只有一条通往米拉雷卡岛和费戈特利急流上游的人行道，长约3.5km。人行道维护的很好，每棵树都贴有指示标牌。山庄提供多种有导游陪同的本地徒步旅行和活动，山庄就餐区下面的大池塘还经常可以看到鸭嘴兽。

山庄的水来自摩斯曼河，并用沙滤和绿化植物进行现场处理。用电主要由备用发电机提供，此外，还使用荧光球、主监控系统等用于节约用电。垃圾被分类回收。厨房用油被回收再利用。所有化学清洁剂都是生物可降解和低磷的。山庄拥有自己的污水处理厂，达到世界遗产准则上的要求。每天污水处理厂处理的废水达 $5\sim6$ 万 m^3，主要被用于灌溉当地的雨林次森林区。山庄还拥有一套记录完整的环境管理体系文件，其主要意图是度假区对当地环境的长期净影响必须为零。

7 国内外生态旅游发展经验

7.1 肯尼亚生态旅游发展经验

7.1.1 政府的支持

肯尼亚生态旅游发展所取得的成绩和政府的支持作用是密不可分的。20世纪70年代中期,肯尼亚政府成立了"野生生物保育暨管理部",以解决保护区和国家公园日益突出的问题。1989年,政府成立了肯尼亚野生生物服务署,并发布了斑马文件,明确指出该服务署将以发展自然保护和生态旅游共存共荣为目标。

7.1.2 发展以当地居民为出发点的生态旅游

肯尼亚在保证当地居民利益,改善居民生活质量方面做得非常好,其中安波沙提国家公园和马赛马拉保护区里的实践经验是非常珍贵的。首先是承诺要保障居民的生命财产安全,并尽力减少野生动物对居民生活的干扰,提出将门票收入的25%拨给受骚扰的村落作为回报。虽然承诺最终没有实现,但是居民们还是获得了相应的利益,也得到了国际社会的大力支持。其次是兑现,1995年年底约有160万美元的回馈金分配给当地社区、民间团体以及地方政府,约有300个地方所提交的计划方案获得经费补助,其中约有1/3用来兴建学校或提供作为学生的奖学金。同时还对社区居民进行各种各样的培训活动。1997年肯尼亚国家公园宣示日后将朝国家公园与其周围土地结合,共同推动自然保护工作,并且把通过开创多样性的旅游活动来增加当地社区的实际利益作为日后奋斗的目标。

7.1.3 旅游与保护协调发展

马赛马拉保护区是肯尼亚生态旅游发展最著名的地区,它的成功与兼顾当地居民利益,促进旅游与保护协调发展密不可分。许多保护区内的居民被吸收为旅游发展协会的成员,通过参与,民众渐渐都能接受新的土地和资源利用方式。1977年肯尼亚政府宣布禁猎,马赛马拉人只好从事刚刚兴起的旅

游业,并且获得了可观的收入。这种收入比以往更丰厚,更稳定,而且风险低。同时政府还拿出一定比例的收入回馈当地居民,支持许多当地部落的发展计划。于是越来越多的人投入到生态旅游行业来,1987年超过半数的旅游从业者和土地拥有者对于发展生态旅游持乐观态度。人们对于野生动物的态度有了明显转变,不仅不会去伤害它们,还会去尽力保护。

由此可以看出,生态旅游在马赛马拉地区的顺利发展与取得当地民众的支持是分不开的。它使生态旅游真正成为解决环境保护,经济发展与当地居民三者矛盾的一帖良药。这是肯尼亚生态旅游发展给全世界的最重要的启示。

7.2 奉行《合理旅游指南》的尼泊尔全球考察旅游公司

全球考察旅游公司(World Expeditions Inc.)是一家国际探险旅游公司。它在《合理旅游指南》一书中大力提倡"影响最小化"的理念,并受到野外协会的支持,在2001年获得了一项生态旅游奖。该公司为游客制定了一套生态旅游行为准则,同时自己在运营的每个环节都遵守这套准则,以此来保护旅游地的自然和文化价值,最大限度地降低商业运作给生态环境带来的影响。它和当地生态组织或土地使用者合作,积极响应生态保护运动的号召,共同为生态保护区的建设作贡献。在书中,该公司声明其宗旨是:聘用当地员工,使用当地产品,协助当地发展,避免当地资源流失,为当地居民提供文化交流机会,积极投资社区福利,向游客介绍当地人文和"影响最小化"理念。书中还集中了当今野外旅行经验的精华。

7.3 菲律宾"劳斯莱克林荫漫步"

菲律宾棉兰老岛上的"劳斯莱克林荫漫步"闻名遐迩,这是由国际环保组织菲律宾事务所首先提出的。当地的一部分居民在菲律宾旅游局的资助下建造了这一美丽的"劳斯莱克林荫漫步"道,建造费用花去约2万美元。他们还组建了一家旅游公司,经营一日游和以"劳斯莱克林荫漫步"为特色的森林生态旅游业务。

该漫步道的游客观光台,利用吊索建造在高达30m的树木上,建造景区没有砍伐一棵树,新修的林荫道沿着以前的小径延伸开来。当地居民受聘承担起修造、日常维护和清扫漫步道及其公共厕所的工作,同时也担任导游。通常导游工作由社区居民轮流承担,目的是使社区内的每个居民都能从中受益。这使得当地居民放弃了早年为获得收入而砍伐贩卖树木或者砍伐森林用作耕田的做法。另外,旅游收入的一部分还被划给巴郎加地方政府。在漫步道建造之前,该地方官员涉嫌在当地非法伐木。在漫步道生态旅游活动投入运营以来,巴郎加地方政府官员积极惩治犯罪活动,非法伐木的犯罪活动减少了近95%。

由此,尽管"劳斯莱克林荫漫步"生态旅游项目规模较小,然而它对森林保护和当地社区的贡献重大。它在未来发展规划中将要关注:建造通往当地瀑布的小径、开发林荫漫步道附近的宿营旅游,使游客有时间在漫步道和游客观景台观赏当地美丽的风光。

7.4 加拿大班夫国家公园

加拿大国家公园的分区是一种综合性方法,也是其保护区管理规划的关键部分,通常划分为特别保护区、荒野区、自然环境区、户外游憩区和公园服务区5个部分。班夫国家公园是分区制的一个范例,公园还根据特殊保护区的需要划定了3个"环境敏感地"。

班夫国家公园的分区和规划

分区	数量和面积	组成和特点	提供的游览设施
特别保护区	4个,占4%	由洞穴系统、草地、盆地沼泽和考古遗址组成,具有独特和濒危的特点	游人不能进入
荒野区	大片连续,约占公园面积的93%	由险峻的山坡、冰川和湖泊组成,弱度利用区	小路、原始的山地野营地、高山小屋、小路避难所
自然环境区	占公园面积的1%	在各个游憩区和野营地周围	设施标准高于荒野区,有进入通道和古朴的乡村式客栈
户外游憩区	4个,占1%	万尼卡湖和3个滑雪场,游人相对集中	有机动交通直达,路两侧有乡村风格的设施和旅社
公园服务区	2个,小于1%	班夫镇和路易斯湖	有各种齐全的服务设施
环境敏感地	3个	湿地、温泉、河流阶地	根据特点予以特殊的保护

7.5 生态极品旅游胜地——九寨沟

7.5.1 "保护性开发,规范性建设和人性化管理"的典范

九寨沟管理者为了保护举世无双的自然资源和景观优势,坚持采取保护性开发,规范性建设和人性化管理的可持续发展理念,使九寨沟能够保持竞争和发展的后劲。他们采取的保护生态措施有这么几项:

(1) 护林防火。九寨沟把防火放到了首位,建立了完善的森林防火监控系统,制订了森林防火扑救预警方案,坚持对居民进行护林防火教育,坚持对游客进行"入沟须知"宣传等一系列措施,使九寨沟创造了25年无森林火灾的佳绩,至今还保持着63.5%的森林覆盖率和85.5%的植被覆盖率。

(2) 保景富民。九寨沟采取关闭沟内所有旅馆,在景区外规划建设了"九寨沟民俗文化村",实施游客"沟内游,沟外住"。近年来,九寨沟每年拨专项资金800多万元作为景区居民的生活保障费,人均不低于600元/月。同时还安排了600多名居民从事保护、环卫和经营服务工作,实现了居民由农牧型向旅游环保经营服务型角色转换,妥善地处理了"保景"与"富民"的关系,落实了社区居民参与生态旅游的政策。

(3) 限量旅游。从2001年7月后,九寨沟在全国率先实施"限量旅游"的政策。根据规划科学测算,九寨沟的最大容量为12000人/日。九寨沟坚决按此环境容量指标操作,真正体现了保护至上的开发理念。

7.5.2 坚持保护与开发双赢,实现生态可持续发展良性循环

九寨沟在硬件建设中,较好的考虑并适应了自然环境的承载能力和生态旅游的需求,力求保持景观景点的自然形态和天然野趣。主要措施是:

(1) 坚持特色建筑。九寨沟的建筑既有现代建筑气魄,又有浓郁的藏羌民族建筑特色。而且在造型和建筑体量上,坚持与自然环境高度和谐,建设了沟内游客中心、游客转换中心和入沟处的生态广场、停车场。

(2) 开辟绿色通道。为彻底解决汽车尾气对景区大气的污染,九寨沟开通了使用清洁燃料的绿色观光车,实行统一循环载客游览。同时在景区60多公里道路上,铺设了柏油路面,修建了格调与景观一致的木质观景亭。人行横道实行人车分流。这种绿色通道,既保障了游客的安全,又减少了尘埃

和游人活动对环境的影响。

（3）强化排污治污。停止租牛租马活动，以保证水源的清洁。与环保产业公司合作，率先在景区内大规模引入国内先进的"智能型全自动免水冲环保型生态厕所"采用电子监控，自动更换保洁用袋，排泄物通过自动打包后，运到景区外进行处理。同时还配备了 8 台环保型车载式流动厕所，实现了上厕自动化，厕所管理人性化，粪便处理机械化。为彻底处理景区居民的生活垃圾和污水，还建设了统一的排污治污系统。

7.5.3　积极进行环境建设，对遗产地真实性和完整性进行保护和维持

主要措施有：泥石流工程治理，完成对山地灾害严重的 14 条泥石流沟的治理；改善能源利用结构，实行"以电代柴"，辅以"以气代柴"，保护森林资源；恢复自然生态，启动退耕还林（草）工程，并对牲畜进行全面管理。

7.5.4　重视保护与科研投入

1992 年以来，九寨沟在科研、保护方面投入的资金占总资金的 40% 左右。同时管理局注重与外界科研机构展开合作，研究景区保护和环境治理。如四川省政府将九寨沟作为可持续发展的重要试点地，投入 200 万元设立"九寨沟黄龙水循环可持续性研究"等。

附录 《中国生态旅游推进行动计划》

中国生态旅游推进行动计划

为加强旅游生态环境保护工作,保护和改善旅游生态环境质量,实现旅游业的持续、快速、健康发展,2005年中国生态学会旅游生态专业委员会启动《中国生态旅游推进行动计划》,以此扩大生态旅游的影响,加强对生态旅游的管理、规范和指导,推动生态旅游发展,促进环境保护,实现旅游与环保和谐发展。

一、实施宗旨

1. 本计划通过组织生态旅游专家调查研究,对国内的生态旅游区在开发经营中出现的实际问题,提出解决的意见和建议,并为其制定生态旅游发展纲要,从而为推进其生态旅游的进步和发展提供智力支持。

2. 本计划通过推动生态旅游区与国家主流媒体的合作,为中国生态旅游目的地建设提供舆论支持。

3. 在此基础上,逐步建立和完善对中国生态旅游的规范标准、设计理念、建设方针、发展模式、实用技术、精品开发等方面的系统理论建设,真正推动科学、文明、健康的生态旅游。

二、实施对象

根据"中国生态旅游推进行动计划"专家组意见,推荐和遴选以下系列的生态旅游区为计划实施对象。

1. 生物型

包括以森林、草原、野生动物栖息地、天然花卉地、自然保护区等为主的旅游地。

2. 水域型

包括以湖泊(水库)、潭池、河流、出露泉、瀑布、湿地、冰川、水利风景区等为主的旅游地。

3.山岳型

包括以山地与丘陵、沙地、洞穴、海岸、岛区、自然灾害遗留地、露营地等为主的旅游地。

4.社会与产业型

包括以城镇、聚落、社区、旅游服务区、工矿业、农业、牧业、林业、加工业、养殖业等为主的旅游地。

5.文化型

包括以遗址遗迹、风景区、园林、宗教场所、人事纪念地、民俗区域为主的旅游地。

三、实施要点

中国生态旅游推进行动计划主要围绕以下八大方面展开:

1.生态区域

生态城镇、生态村落、生态社区

(1) 生态区域与环境融合程度,包括环境的整合性(景观时空连续性、环境受到干扰的程度和反馈灵活性、环境代谢循环能力)、原生自然法则(多样性、适应性、生命力、能源再生能力)、环境质量(水、气的洁净度、地表的自然性、生物丰度、环境安静度)、环境依托要素的动态表现(水的流动性、风的畅通性、生物的活力)、经济原则(资源利用效益、生态建设投入与经济产出比值)、人与环境关系(环境提供给居民的物质需求和精神需求的内容、人与环境的和谐程度)。

(2) 生态区域的建设与管理状况,包括建设用地生产与生态功能的恢复与再造;废弃物的就地经济处理与循环再生;可再生水源、能源的开源与节流;健康建材的研制、开发与推广;绿体入户、上楼和屋顶景观;生态公共空间的营造;交通、建筑和居住拥挤状况的缓解;小区的生态化管理。

2.生态建筑

公共建筑、住宅

(1) 建筑物形式、结构、风格、体量、密度等与当地自然环境(阳光、空气、水流、生物)和历史文化(历史事件与历史人物)的协调;

（2）建筑材料符合环保要求的程度；

（3）利用信息化、网络、控制等技术的智能建筑使用比例；

（4）雨水再利用与植栽浇灌节水；

（5）室内健康与环境指标，包括室内污染控制（室内空气净化设备、生态涂料与生态接触剂、生态建材）、地面与地下室防潮材料、噪声与振动声控制。

（6）日常节能技术的使用，对新能源和生态能源，如光能、水能、风能、生物质能等资源的利用程度。

3. 环境卫生

（1）区域内环境质量状况：区域内及其周围地表水、地下水、土壤、空气，近3年监测数据、评价资料和环境质量报告。

（2）废弃物如生活废弃物、农业废弃物、工业废弃物、废油、厨余的产生地点、时间、数量。

（3）废弃物处理情况：资源回收利用率、垃圾无害化处理方式、垃圾处理数量、处理场地。

（4）环境卫生容器如垃圾箱、废物箱、洒水水罐、冲洗车水罐、粪罐车的数量、使用情况。

（5）厕所如生态厕所、水冲厕所、旱厕、产沼厕所、临时厕所、活动厕所的数量、位置、档次及管理效果。

（6）区域场地整体维护，建筑秩序、物品堆放状况。

4. 生态标识

（1）生态标识类型如导游全景图、景物介绍牌、标识牌的数量、配置，及对生态区域的满足程度。

（2）标识选用材料，当地和环保材料品种及所占比重。

（3）各种标识的内容、形式、色彩，如设计制作水平、图案、外形艺术化、与生态区域形象的吻合程度。

（4）标识对突出生态本色的设计理念的体现程度，如其中标志性设施如景观、标识、广告、宣传栏、雕塑等所强调的"简洁"程度；环境管理设施如消火栓、垃圾箱、噪声与污染显示牌等和专用服务设施如生态公厕、电话亭、邮筒等所强调纯"明快"的程度。

5.生态路径

步行街、人行道、停车场

(1)机动车和步行道的路面结构、路面铺装形式以及材质、色彩与当地自然与文化环境的整体协调。

(2)道路所用材料对于通过微孔路面下渗的地表水循环利用的程度。尤其针对乡村道路、居民社区和企业内的道路等密度较低的道路形式,更应以透水性材质铺设(如透水沥青、透空砖、碎石路面等),增加大地保水的能力。

(3)路面对于降低环境噪声的程度。

(4)道路沿线绿化带的设计,乡土植栽、适地植栽、原生植栽的优先原则和多样性组合、覆层栽植方式执行情况。

(5)为保证野生动物的生存和迁徙,道路对于动物栖息地环境影响程度,预留迁徙通道的方式和规模。

6.生态食品

无公害食品、有机食品、绿色食品。食品栽培的种类、面积。

(1)食品的原料基地的区域界限,与工矿区、交通要道、城镇的距离。

(2)食品生产地和生产场所所达到的技术标准,一是生产食品的肥料、农药、兽药、水产养殖用药、食品添加剂、饲料添加剂使用准则;二是依据这些准则制定的包括农产品种植、畜禽养殖、水产养殖和食品加工等生产操作规程。

(3)各主要环境要求中:

空气质量对于适用《绿色食品产地环境技术条件》(NY/T 391-2000)的达标情况;

水质中灌溉用水对于适用《农田灌溉水质标准》(GB 5087-89),水产渔业用水对于适用《渔业水质标准》(GB 11607-89),畜禽养殖水对于适用《绿色食品产地环境技术条件》(NY/T 391-2000)的达标情况;

土壤质量对于适用《土壤环境质量标准》(GB 15616-1995)的达标情况。

7.生态安全

(1)生态区域内人类的居住、生存、行为变化对不同的人群,对自然环境的变迁,对其他物种数量的增加和减少以及微生物命运带来的影响,包括人与自然环境之间的关系、不同的人群之间的关系、人与其他物种的数量之间的关系、人与病原微生物之间的关系。这四种关系中任一种在区域内的平衡状况。

（2）生态区内人口增长使资源的需求不能得到满足，导致环境恶化和对其他生物的侵犯时出现的生态安全问题。

（3）生态区域内，合理旅游环境容量的计算，及长期超饱和容量下对旅游区带来的危害。

（4）非理性规划和建设，不文明的旅游行为导致生态区环境破坏。

（5）非生态化管理造成生态区环境质量下降。

8. 生态管理

（1）成立相应的生态旅游领导机构，对生态旅游的现状和潜力、生态旅游可持续性的开发、保护和利用的区域规划制订情况。

（2）对当地的生态旅游产品进行评估，特别是对当地的自然景观吸引力和特性，以及可承受能力和生态旅游需求进行分析。

（3）对现有和潜在的旅游资源进行全面调查，调查内容应包括旅游资源的生态属性、生态系统的脆弱程度，以及生态旅游的开发制约。

（4）生态旅游开发为当地居民创造经济效益和提供就业机会情况。

（5）景区主管部门协助开发景区基础设施，确保旅游开发与整个景区环境的和谐统一。

（6）在生态旅游管理阶段，旅游主管部门监督生态旅游服务设施的质量，制订宣传促销方案，根据环境容量测算，对游客流量控制情况。

（7）生态效益、社会效益和经济效益估算。

主要参考文献

[1] 杨桂华,钟林生,明庆忠. 生态旅游[M]. 北京:高等教育出版社,2010.

[2] 张广瑞,刘德谦,宋瑞. 2010年中国旅游发展分析与预测[M]. 北京:社会科学文献出版社,2010.

[3] 中国科学院地理科学与资源研究所,青海省旅游局. 青海省三江源地区生态旅游发展规划(2009~2025年)[M]. 北京:中国旅游出版社,2009.

[4] 张建萍. 生态旅游[M]. 北京:中国旅游出版社,2008.

[5] 叶文,沈超,李云龙. 香格里拉的眼睛——普达措国家公园规划和建设[M]. 北京:中国环境科学出版社,2008.

[6] 严力蛟. 生态旅游学[M]. 北京:中国环境科学出版社,2007.

[7] 粟维斌,朱晓媚. 生态旅游景区建设[M]. 北京:中国林业出版社,2007.

[8] 洪剑明,冉东亚. 生态旅游规划设计[M]. 北京:中国林业出版社,2006.

[9] 钟永德,袁建琼,罗芬. 生态旅游管理[M]. 北京:中国林业出版社,2006.

[10] 李俊清,石金莲,刘金福. 生态旅游学[M]. 北京:中国林业出版社,2004.

图书在版编目（CIP）数据

生态旅游发展工作手册/本书编委会编著．—北京：中国建筑工业出版社，2011.8
ISBN 978-7-112-13369-7

Ⅰ.①生… Ⅱ.①本… Ⅲ.①生态旅游－手册 Ⅳ.①F590.7-62

中国版本图书馆CIP数据核字（2011）第129576号

责任编辑：杜　洁
责任设计：叶延春
责任校对：陈晶晶　关　健

生态旅游发展工作手册
本书编委会　编著
*
中国建筑工业出版社出版、发行（北京西郊百万庄）
各地新华书店、建筑书店经销
北京嘉泰利德公司制版
北京云浩印刷有限责任公司印刷
*
开本：880×1230毫米　1/32　印张：3　字数：95千字
2011年9月第一版　2011年9月第一次印刷
定价：15.00元
ISBN 978-7-112-13369-7
（21105）

版权所有　翻印必究
如有印装质量问题，可寄本社退换
（邮政编码 100037）